MAPAS MENTAIS
NO TRABALHO

Tony Buzan

MAPAS MENTAIS
NO TRABALHO

COMO SER O MELHOR NA SUA PROFISSÃO
E AINDA TER TEMPO PARA O LAZER

Tradução
EUCLIDES LUIZ CALLONI

Editora
Cultrix
SÃO PAULO

Título original: *Mind Maps at Work: How to Be the Best at Your Job and Still Have Time to Play.*

Copyright © 2004 Tony Buzan.
Copyright da edição brasileira © 2009 Editora Pensamento-Cultrix Ltda.
1ª edição 2009.
5ª reimpressão 2018.

Todos os direitos reservados. Nenhuma parte deste livro pode ser reproduzida ou usada de qualquer forma ou por qualquer meio, eletrônico ou mecânico, inclusive fotocópias, gravações ou sistema de armazenamento em banco de dados, sem permissão por escrito, exceto nos casos de trechos curtos citados em resenhas críticas ou artigos de revistas.

A Editora Cultrix não se responsabiliza por eventuais mudanças ocorridas nos endereços convencionais ou eletrônicos citados neste livro.

Dados Internacionais de Catalogação na Publicação (CIP)
(Câmara Brasileira do Livro, SP, Brasil)

Buzan, Tony
  Mapas mentais no trabalho : como ser o melhor na sua profissão e ainda ter tempo para o lazer / Tony Buzan; tradução Euclides Luiz Calloni. -- São Paulo : Cultrix, 2009.

  Título original: Mind maps at work : how to be the best at your job and still have time to play.
  ISBN 978-85-316-1038-7

  1. Satisfação no trabalho - Manuais, guias etc. 2. Sucesso em negócios - Manuais, guias etc. I. Título.

09-03165   CDD-650.1

Índices para catálogo sistemático:
1. Sucesso em negócios : Administração de
   empresas   650.1

Direitos de tradução para o Brasil
adquiridos com exclusividade pela
EDITORA PENSAMENTO-CULTRIX LTDA.
Rua Dr. Mário Vicente, 368 — 04270-000 — São Paulo, SP
Fone: (11) 2066-9000 — Fax: (11) 2066-9008
E-mail: atendimento@editoracultrix.com.br
http://www.editoracultrix.com.br
que se reserva a propriedade literária desta tradução.
Foi feito o depósito legal

Sumário

Lista de Mapas Mentais 6

Agradecimentos 7

Aos meus leitores 9

Introdução 11

1 Libere a sua infinita criatividade 15

2 O novo enfoque à solução de problemas 33

3 Planejamento perfeito para progresso ilimitado 53

4 Acompanhando as forças da evolução 87

5 Conduzindo seu grupo ao sucesso 121

6 Assédio moral na empresa 167

7 Apresentações persuasivas 189

8 Equilíbrio entre a vida pessoal e a profissional 207

Lista de mapas mentais

Mapas Mentais em Preto e Branco

Principais Capacidades que Compõem um Mapa Mental (1) . . 22

Principais Capacidades que Compõem um Mapa Mental (2) . . 23

Mapa Mental para Solução de Problemas – Book U Love 38

Mapa Mental da Evolução Pessoal – Aonde Você Quer Chegar . 97

Reinvenção de uma Marca 117

Princípios de uma Boa Gestão 125

Nova empresa – Mapa Mental do Cliente 155

Planejamento de uma Viagem de Férias 216

Mapas Mentais coloridos

Minhas Capacidades 79

Solução de Problemas Persistentes – Smith & Son 80

Planejamento de uma Empresa – LadySkillers 81

Planejamento da Próxima Semana 82

Pesquisa para uma Entrevista 83

Construindo um Futuro Juntos 84

Combate aos Adeptos do Assédio Moral 85

Apresentações Persuasivas – Beta Romeo Diamond 86

Agradecimentos

Agradecimentos muito especiais à minha maravilhosa equipe de apoio na Thorsons: Carole Tonkinson, Diretora Editorial; Susanna Abbott, Editora-sênior; Paul Effeny, Designer; Sonia Dobie, Diretora Artística; Nicole Linhardt, Controladora de Produção Sênior; Liz Dawson, Diretora de Publicidade; Laura Scaramella, Diretora de Direitos Estrangeiros; e Belinda Budge, Diretora-Gerente.

Um caloroso agradecimento também para Lucy Aitken, por sua dedicação ao ajudar-me a escrever este livro; Matthew Cory, por sua bela edição; Stephanie Strickland, por suas fantásticas ilustrações; e Caroline Shott, minha admirável agente literária, cuja energia e dedicação não cessam de me impressionar.

Por fim, um agradecimento cordial ao meu grupo familiar: Lesley Bias, por sua agilidade com o teclado; Vanda North, por sua atividade incansável promovendo Mapas Mentais em todo o mundo; meu irmão, prof. Barry Buzan, pelo apoio que vem dando há décadas a mim e ao conceito de Mapas Mentais; e à minha mãe, Jean Buzan, que sempre me incentivou a realizar o meu sonho relacionado com os Mapas Mentais.

Aos meus leitores

Este livro é dedicado a todas as pessoas que exercem alguma atividade profissional em qualquer parte do mundo, seja um alto executivo na China, um contador no Reino Unido ou uma babá na Noruega.

Ele é uma resposta ao coro cada vez mais numeroso de pessoas que, ao longo dos anos, pediram-me orientações sobre o modo de aplicar Mapas Mentais a situações profissionais específicas.

Num nível prático, os Mapas Mentais podem ajudar você a administrar a sua carga de trabalho, a planejar apresentações e a resolver os dilemas profissionais mais resistentes. Eles também podem exercer a função de orientador pessoal, ajudando-o a descobrir o que você quer auferir da sua vida profissional, dando-lhe ao mesmo tempo uma ideia clara de situações complexas e aliviando o peso das suas obrigações e compromissos.

Quanto mais me envolvo profissionalmente com diferentes pessoas em organizações dos mais diversos ramos, mais funções descubro para os Mapas Mentais no ambiente de trabalho. Como você verá pelos exemplos apresentados ao longo deste livro, Mapas Mentais estão sendo usados de modos surpreendentemente imaginativos e criativos em toda espécie de empresa e por todos os tipos de pessoas em todo o mundo.

Num nível pessoal, os Mapas Mentais me levaram a concluir que:

- A criatividade da mente humana é infinita;
- Mapas Mentais são uma expressão dessa capacidade infinita;
- A capacidade infinita da mente humana pode criar um número infinito de aplicações dos Mapas Mentais.

É por isso que não há limites para o modo como os Mapas Mentais me ajudam e me inspiram no trabalho que realizo – e é também por isso que desejo que você os conheça e use.

Seja qual for o trabalho que você faça e a função que exerça, *Mapas Mentais no Trabalho* irá ajudá-lo a liberar o seu ilimitado potencial criativo. Isso enriquecerá a sua vida e lhe trará sucesso e satisfação tanto no trabalho como em casa.

Introdução

Você quer:

- Definir objetivos e alcançá-los?
- Ser mais eficiente no seu trabalho?
- Conceber ideias e soluções criativas?
- Mudar de profissão ou iniciar o seu próprio negócio?
- Fazer apresentações de qualidade com confiança?
- Defender a si mesmo e as suas ideias?
- Ser uma peça-chave no trabalho?
- Levar a sua equipe à excelência?

Se a sua resposta for "afirmativa" para alguma dessas perguntas, este livro é para você. *Mapas Mentais no Trabalho* irá ajudá-lo a estabelecer e realizar todos os seus objetivos e ambições no seu local de trabalho – e possibilitar-lhe mais tempo livre fora dele. Com os Mapas Mentais, o seu potencial para impressionar os colegas é infinito: eles são *a* solução para expressar as suas aptidões e o ajudarão a transformar qualquer desafio que se apresentar em oportunidade para demonstrar toda a sua perspicácia.

Os Mapas Mentais irão ajudá-lo a:

- Planejar até os mínimos detalhes;
- Despertar o seu gênio criativo;
- Encontrar soluções inovadoras para qualquer problema;
- Lembrar-se de fatos sob pressão;
- Motivar o seu grupo para o sucesso;

- Fazer apresentações vibrantes e sucintas;
- Alcançar um bom equilíbrio entre vida pessoal e profissional;
- Amar a sua profissão.

Os Mapas Mentais lhe darão condições não só de sobrevivência, mas também de prosperidade em sua carreira – distinguindo além da névoa dos detalhes corriqueiros a luz brilhante da direção que você e sua empresa estão seguindo. Com essa visão clara em mente, você pode traçar calmamente o seu percurso, confiante em sua capacidade de alcançar os objetivos desejados.

Os Mapas Mentais ajudaram todos os tipos de pessoas e de empresas a realizar seu potencial e a se tornar excelentes locais de trabalho. Eles também levaram milhões de pessoas em todo o mundo a concretizar seus sonhos e materializar suas aspirações. Você terá oportunidade de ler algumas dessas histórias de sucesso nas páginas deste livro, por exemplo:

- **Planejamento minucioso**: A Con Edison, fornecedora de energia para Nova York, usou Mapas Mentais para planejar o restabelecimento da energia elétrica em Manhattan depois do 11 de setembro;
- **Inspiração criativa**: Engenheiros projetistas da Boeing usam Mapas Mentais em suas reuniões para produzir ideias;
- **Pensar grande**: Mapas Mentais foram usados para planejar cidades inteiras no Golfo;
- **Sucesso após uma calamidade**: Quando Veritas, em Cingapura, sofreu um incêndio, o vice-presidente e seus colegas serviram-se de Mapas Mentais para reerguê-la e reiniciar as atividades em 10 dias;
- **Readaptação global**: John Scully, responsável pela propagação dos computadores Apple no mundo todo, recorreu a Mapas Mentais para desenvolver ideias e registrar pesquisas com o objetivo de dar-lhes um novo visual;
- **Retomada do crescimento**: Mex, uma cadeia de restaurantes nos Estados Unidos, evitou a falência com Mapas Mentais.

Quando começa a usar Mapas Mentais na sua profissão, você se surpreende muito ao constatar como as coisas ficam mais simples e mais fáceis. Mapas Mentais são catalisadores positivos para a mudança, dissipando a confusão, tornando claros os objetivos e as metas – e principalmente – promovendo a aquisição de conhecimento.

Os Mapas Mentais podem ajudá-lo no trabalho de infinitas maneiras porque, como você, eles também são trabalhadores. Quando estão em ação, eles trabalham duro, dando a você condições de pensar com clareza e de liberar seu enorme potencial. Os Mapas Mentais também trabalham em equipe e são valiosíssimos para facilitar a comunicação:

- Entre pessoas;
- Na sala de reuniões;
- Em todo o meio empresarial.

Os Mapas Mentais podem fazer com que a participação no grupo seja *agradável e criativamente inspiradora*. E como líder de um grupo, suas habilidades de gestor e motivador se aperfeiçoarão constantemente.

Com Mapas Mentais dando-lhe suporte, você pode chegar a um equilíbrio mais apurado entre o trabalho e a vida pessoal. E quem trabalha em casa pode separar a vida familiar dos compromissos profissionais e obter o melhor dessas duas realidades.

Os Mapas Mentais se tornarão seus aliados: estarão sempre à sua disposição para dar-lhe todo apoio em qualquer situação de trabalho.

Ao término da leitura de *Mapas Mentais no Trabalho*, você estará na companhia de um grupo potencialmente infinito de Mapas Mentais "colegas". Com o Mapa Mental gerente, diretor, colega, assistente e líder ao seu lado, as possibilidades são infinitas...

Deixe que *Mapas Mentais no Trabalho* ajude *você* a executar o seu trabalho.

1

Libere

a sua

infinita

criatividade

O seu cérebro é a chave para o sucesso profissional; quanto mais eficientemente você usá-lo, mais sucesso você terá. Assim como administra a sua carga de trabalho e a sua equipe, do mesmo modo você precisa gerenciar a sua mente. Se você a estimular com os recursos de pensamento e do aprendizado corretos, ela o recompensará com soluções brilhantes para qualquer tipo de problema que você possa enfrentar. Em resumo, você será capaz de liberar a sua infinita e fascinante criatividade.

Utilização do seu pleno potencial

Como todo empresário de sucesso lhe dirá, a criatividade e a habilidade de produzir novas ideias são fundamentais para o sucesso pessoal e organizacional, e toda empresa consciente de si mesma busca pessoas que possam contribuir desse modo. Assim comenta Tuen Anders, sócio gerente da empresa IG em Amsterdã:

"Você pode ter as melhores fábricas do mundo e os melhores produtos, mas se não tiver uma ideia, você está perdido."

Se a criatividade é tão essencial para destacar-se na profissão, por que pessoas em todo o mundo usam a expressão "deu um branco" quando são solicitadas a contribuir com uma ideia original ou com uma resposta inovadora? A simples explicação é que não estão pondo em ação a força plena do seu cérebro. Tipicamente, a pessoa comum usa menos de 1% da capacidade do cérebro nas áreas da criatividade, da memória e do aprendizado – apenas imagine o que conseguiríamos se todos usássemos 20%, 40% ou mesmo 100%!? Com Mapas Mentais é possível começar a utilizar o potencial pleno do nosso cérebro.

O que é um Mapa Mental?

Um Mapa Mental é uma técnica para organizar o pensamento e fazer anotações de maneira visual e colorida, podendo ser aplicada por uma única pessoa ou por um grupo. No centro, colocamos a ideia ou imagem essencial. Em seguida, desenvolvemos essa ideia ou imagem por meio de ramificações que representam ideias principais, todas elas associadas à ideia essencial (ver os Mapas Mentais "Principais Capacidades", pp. 21-22).

De cada ramo de "ideias principais" derivam ramos de "ideias secundárias" que desenvolvem temas em maior profundidade. A esses ramos de ideias secundárias podemos acrescentar sub-ramos, aprofundando assim cada uma delas com detalhes relevantes. À semelhança dos ramos de uma árvore que se interligam, todas as ideias se relacionam umas com as outras, conferindo aos Mapas Mentais uma profundidade e uma abrangência que uma simples lista de ideias não consegue expressar.

Desenvolvendo-se do centro para a periferia, um Mapa Mental estimula os pensamentos a adotarem o mesmo procedimento. Em pouco tempo as suas ideias se expandirão e você *irradiará um modo de pensar criativo* – você será uma fonte de inspiração para si mesmo e para as pessoas ao seu redor, e a sua imaginação não conhecerá fronteiras.

Depois de experimentar a sensação de liberdade proporcionada por esse modo de proceder, você descobrirá que não há limites para os modos como os Mapas Mentais podem ajudá-lo na profissão. Você pode usar Mapas Mentais para analisar qualquer ideia, conceito ou problema, desde o planejamento de um relatório, uma apresentação ou uma estratégia de negócio, até o exame minucioso da carreira que quer seguir. Em termos pessoais, você pode usá-los para planejar antecipadamente o seu dia, a próxima semana, mês ou ano, e, na verdade, a sua *vida*. Na profissão, os Mapas Mentais podem ajudá-lo a destacar-se em qualquer área que exija clareza e criatividade.

Como os Mapas Mentais funcionam?

Quantas vezes no seu trabalho você já fez uma lista de coisas que precisava fazer, numa folha de papel em branco, com caneta azul ou preta? Você começava no primeiro item e descia, e à medida que realizava a tarefa anotada, você a assinalava ou riscava da lista e passava a outro compromisso. Mas você não se aborrecia ao ter a impressão de nunca chegar ao fim da lista? Inclusive, é muito provável que fizesse uma nova relação incluindo alguns elementos da precedente. Quando isso ocorre durante certo tempo, você pode ter a sensação de que são as listas que controlam você, e não o contrário.

Como linhas, sequências, letras, números e listas são atividades mentais do cérebro esquerdo, o uso exclusivo dessas formas de registro ao criar ideias restringe a criatividade, pois envolvem apenas o lado esquerdo do cérebro. Esse lado é tradicionalmente associado à sensibilidade para bons negócios. No entanto, para ser realmente criativo, você também precisa usar a imaginação, que pertence à esfera do cérebro direito. As capacidades mentais do cérebro direito incluem cores, imagens, ritmo e percepção espacial.

Os Mapas Mentais utilizam letras e números, mas *também* cores e imagens, o que significa que envolvem os dois lados do cérebro. É por isso que você aumenta a força do pensamento sinergicamente quando usa Mapas Mentais. Cada lado do cérebro alimenta *e* fortalece simultaneamente o outro de modo a produzir um poder criativo ilimitado.

Não tome partido

Pesquisas realizadas pelo professor Sperry na década de 1970 mostraram que todos temos pleno potencial no que diz respeito aos cérebros direito e esquerdo. Ou seja, não significa que os homens se destacam em atividades relacionadas com o cérebro esquerdo e que as mulheres são melhores em atividades do cérebro direito, um pressuposto que vigorava havia muito tempo. As pessoas têm uma ampla variedade de capacidades intelectuais e criativas que só podem usar em parte. E mais, com o uso dos dois lados do cérebro, ambos se fortalecem e se aliam para manter sua produtividade criativa conjunta. Isso, por sua vez, robustece a capacidade para uma associação ainda mais estreita, e assim você tem a possibilidade de aumentar ainda mais o seu poder criativo e intelectual.

As grandes mentes

Em muitas economias desenvolvidas do mundo, os sistemas educacionais forçam os estudantes a decidir em idade ainda precoce se optarão por um currículo de caráter mais "científico" ou mais "artístico". Todavia, se prestar atenção aos maiores exemplos de gênio criativo do mundo, você verá que grandes artistas são muitas vezes grandes cientistas, e vice-versa. Leonardo da Vinci foi guiado por uma visão científica ao criar algumas das obras de arte mais belas do mundo. E ganhadores do prêmio Nobel muitas vezes se apoiaram tanto sobre a teoria "científica" como sobre a "artística". Gênios trabalham intensamente tanto com o cérebro esquerdo como com o direito, e estão constantemente em busca de novas experiências e novas soluções com suas mentes maravilhosas.

O seu motor de busca pessoal

O seu cérebro é um mecanismo de multiplicação e multiplica ideias por associação. Os Mapas Mentais operam a partir de dois princípios básicos – imaginação e associação. O cérebro procura conexões de modo semelhante a uma ferramenta de busca na Internet quando se digita uma palavra. Na próxima vez que tiver acesso a uma ferramenta de busca, digite "Mapas Mentais" e veja o espantoso número de referências na rede mundial – a última contagem, pouco antes de este livro ir para o prelo, chegava a 6.000.000. Pense no seu cérebro do mesmo modo como essa ferramenta de busca, mas sabendo ainda que ele é infinitamente mais capaz.

Os Mapas Mentais são um instrumento de pensamento de enorme eficácia porque trabalham com o seu cérebro e o estimulam a desenvolver associações entre ideias: cada ramo que você acrescenta ao Mapa associa-se ao ramo anterior. Os Mapas Mentais são uma manifestação visual do modo como o seu cérebro pensa. É por isso que eles reescrevem as regras. Eles chamam constantemente a sua atenção para o que é essencial e, por associação e imaginação, levam-no a conclusões significativas. Como um mapa rodoviário, os Mapas Mentais lhe dão sinais claros de como chegar ao seu destino. Eles o ajudam a liberar o seu gênio criativo interior e fazem com que você e o seu eficiente cérebro sejam ainda mais essenciais para o seu empregador.

Comece com você mesmo

Já é hora de você aplicar essa maneira mais natural e estimulante de usar o seu cérebro. Tente desenhar um Mapa Mental agora. Para isso, você precisa do seguinte:

- Uma folha de papel em branco;
- Canetas, lápis ou giz coloridos;
- A sua imaginação.

Em vez de pensar no seu trabalho, pense em você mesmo. Em que você é bom? Quais são as suas principais capacidades?

ELABORAÇÃO DO SEU PRIMEIRO MAPA MENTAL – PRINCIPAIS CAPACIDADES

1 Pegue uma folha de papel em branco e vire-a na posição horizontal para você ter espaço suficiente e assim poder expandir-se em todas as direções.

2 Desenhe no centro da página uma figura que represente a sua ideia essencial – nesse caso, as suas capacidades principais. Você pode fa-

zer um esboço de você mesmo ou, se for médico, por exemplo, a figura de um estetoscópio. Escreva o seu nome ou a sua profissão, título do cargo ou, simplesmente, "minhas capacidades" acima, abaixo ou dentro da figura. Use sempre canetas ou lápis coloridos ao criar um Mapa Mental, tornando a tarefa mais divertida para você e mais interessante e fácil de lembrar para o cérebro.

3 Escolha uma cor e desenhe um ramo curvilíneo a partir da imagem central. Escreva uma palavra relacionada com uma área das suas capacidades. Por exemplo, se você tem boas qualidades de comunicação, escreva a palavra "comunicador". Você vai precisar de um ramo para "conhecimento", a ser expandido posteriormente. Desenhe também ramos para "experiência" e "objetivos". Por fim, pense em outros atributos particulares não incluídos nessas categorias. No exemplo a seguir, um dos ramos recebe o título "independente", pois essa pode ser uma qualidade importante para líderes e empreendedores.

4 Use somente uma palavra por ramo, porque uma única palavra estimula melhor o fluxo de pensamentos do que frases ou sentenças. O ramo deve estar sempre unido à imagem central. Com os ramos unidos na folha de papel, as ideias que eles representam também estarão unidas no seu cérebro.

5 Desenhe ramos secundários derivados do ramo principal, usando palavras que desenvolvam o tema. Por exemplo, se você acredita que tem um bom sentido de organização, um Mapa Mental pode expandir essa ideia. O que é que você organiza bem e como você alcança os seus objetivos?

6 Ao elaborar o seu Mapa Mental, desenhe figuras em alguns pontos – elas ajudam e estimulam a sua imaginação. Elas não precisam ser obras de arte; basta esboçá-las. O importante é que a imagem avive a sua memória.

Você perceberá que elaborar um Mapa Mental das suas capacidades é um processo diferente daquele de organizar o seu currículo, onde os seus passatempos e interesses são indicados no fim. O Mapa Mental oferece um quadro muito mais verdadeiro e preciso de você mesmo como pessoa e demonstra *tudo* o que você tem a oferecer e aonde quer chegar.

Um Mapa Mental explora cada caminho potencial aberto à sua frente. Um número representativo de pessoas vive de alguma coisa pela qual elas se sentem apaixonadas – você também pode fazer isso. Para ter mais inspiração para o seu Mapa Mental, consulte o Mapa "Minhas Capacidades" colorido. Nele, os ramos principais que partem do centro são "experiência", "conhecimento", "comunicador", "independente" e "objetivos". Cada um desses temas é por sua vez desenvolvido com palavras e figuras. Por exemplo, acompanhando os ramos secundários do ramo principal "objetivos", você encontrará a indicação de um interesse em "energia", que então é definida mais estritamente pela palavra "renovável"; daqui partem três ramos – "pesquisa", "vento" e "água": junto a "vento" está o desenho de uma turbina aeólica, e junto a "pesquisa", um microscópio. O resultado disso é uma representação mental vívida e duradoura de um objetivo profissional.

O céu é o limite

Embora o tema do seu Mapa Mental e as imagens e palavras que você inscreve nele dependam inteiramente de você, é preciso seguir as orientações dadas acima para elaborar e desenvolver os seus Mapas Mentais. Essas orientações não têm o objetivo de restringir a sua liberdade sob qualquer aspecto; pelo contrário, elas *dão a você* liberdade intelectual infinita. Isso acontece porque elas operam de modo muito semelhante ao funcionamento do seu cérebro – por imaginação e associação. Do mesmo modo que os nossos corpos são fundamentalmente semelhantes, mas ao mesmo tempo singular e sutilmente diferentes em sua forma de expressão, algo muito parecido ocorre com os Mapas Mentais. Caso o seu Mapa Mental se desenvolver muito e ultrapassar a folha de papel, continue em frente. Acrescente tantas folhas quantas forem necessárias e expanda o seu Mapa o quanto quiser.

Criatividade e ideias

De acordo com especialistas em marcas e projetos globais da empresa IG, muitas companhias e seus empregados estão vivendo momentos de marasmo e estagnação em sua capacidade criativa. Como mostra o relatório da empresa "Vencendo em Tempos de Informação":

> *"Para inspirar e crescer, vocês precisam criar. Vocês precisam da mão amparadora da imaginação. Criatividade. Entretanto, muitas empresas perderam a chama da inovação e da criatividade. O que era novo e estimulante ontem rapidamente se torna maçante hoje. Aparecer com uma ótima ideia criativa não é mais suficiente. O que importa é a habilidade de gerar um fluxo incessante de ideias."*

Mapas Mentais – a sua máquina de ideias

Mapas Mentais podem ajudá-lo a pensar criativamente sobre todas as coisas, e pensar criativamente é o meio de alcançar tudo o que você quer. No seu local de trabalho, isso pode transformar a sua equipe na melhor do departamento. Mapas Mentais o ajudam a avaliar e a reformular os objetivos do grupo e depois a cotejar os principais pontos fortes dos membros do grupo com esses objetivos. Num nível mais pessoal, você pode usar Mapas Mentais criativamente para examinar como quer desenvolver sua carreira e para decidir o seu próximo passo na profissão.

Mapas Mentais podem ajudá-lo a realizar aspirações das quais você já havia desistido por considerá-las mirabolantes. Por exemplo, imagine que você sempre quisesse escrever um romance policial. Você tem uma ideia vaga do enredo, mas nunca levou o projeto adiante. Se fizer um Mapa Mental do enredo, você será capaz de desenvolver a sua ideia até o ponto em que pode realmente começar a escrever – você pode tornar o seu sonho realidade. Comece o Mapa Mental desenhando uma imagem no centro da folha, por exemplo a arma do assassino, o motivo do crime ou o personagem principal. Os ramos

> ## O seu brilhante cérebro
>
> Muitos nos perguntamos hoje como conseguiríamos trabalhar sem o nosso computador pessoal, e nos impressionamos com a velocidade dessas máquinas e com as múltiplas funções que elas podem realizar. Na verdade, apenas uma das suas células cerebrais tem mais capacidade que esse computador, e você tem milhões e milhões de células cerebrais. Pense em toda essa capacidade que está adormecida na sua cabeça. Com todo esse potencial, você poderia facilmente fundar a sua própria empresa, apresentar uma ideia criativa que subverte uma determinada situação estabelecida ou fazer investimentos lucrativos.

com as ideias principais poderiam incluir a trama básica, os personagens nessa trama, como eles se relacionam, o motivo do crime, e assim por diante. Como as "pequenas células cinzentas" de um certo detetive, o seu Mapa Mental pode analisar cada aspecto do enredo e da caracterização de maneira forense. Assim, você poderia mapear a cena do crime, usando ramos dos "sentidos", como "visão", "audição" e "olfato" para procurar possíveis pistas. Do mesmo modo, você poderia usar o seu Mapa Mental para definir a atuação dos personagens, investigando, ramo a ramo, suas origens e sua história. E quando você começa a estabelecer ligações entre os personagens, e entre eles e o crime, o poder criativo dos Mapas Mentais se revela do mesmo modo que o enredo complexo se desvenda diante de você.

Além disso, com o seu mapa Mental você pode planejar quando vai escrever o romance, quando irá enviá-lo para possível publicação e quem você poderia consultar para conselhos e ideias. Depois de criar o Mapa Mental do seu romance, este terá mais feições de realidade do que de um sonho distante.

Mapas Mentais Libertam

Mapas Mentais libertarão você da rotina mental na profissão e irão:
- ajudá-lo a resolver problemas;
- poupar-lhe tempo;
- ajudá-lo a ser mais criativo;
- esclarecer uma situação;
- ajudá-lo a planejar;
- ajudá-lo a comunicar-se;
- dar-lhe a perspectiva de uma situação.
- ajudá-lo a lembrar-se;
- ajudá-lo a organizar-se.

Isso significa que você irá:
- sentir-se intelectual e criativamente livre no trabalho;
- gostar do seu trabalho;
- reconhecer que é uma "máquina de ideias".

Gerenciamento do potencial da sua equipe

Muitas empresas ignoram o potencial para abordagens de caráter mais criativo. A criatividade pode ser uma daquelas aptidões fundamentais que é preterida em favor de habilidades administrativas ou acadêmicas mais tradicionais. Se você exerce o cargo de gerente, seja liderando uma pequena equipe ou uma grande divisão, são ilimitadas as formas de natureza criativa que podem ser adotadas para tornar o local de trabalho mais alegre e imbuído de uma atmosfera mais propícia. Exemplos disso podem incluir:

- Se você e a sua equipe foram solicitados a apresentar uma nova estratégia para um cliente importante, convoque uma reunião e peça a todos que elaborem previamente um Mapa Mental de suas ideias para uma nova estratégia. Na reunião, vocês podem comparar e discutir sobre os Mapas Mentais de cada um. Você se surpreenderá com a quantidade de ideias inovadoras que resultará da contribuição de todos. Além disso, a sua equipe terá um sentido maior de participação no planejamento do negócio que você implementará no final.

- Se um ambiente de trabalho precisa de decoração, transforme essa necessidade num esforço de equipe. Incentive os seus colaboradores a debaterem suas ideias por meio de Mapas Mentais. Eles terão muito maior prazer em estar nesse ambiente se puderem contribuir com sugestões.
- Peça aos membros da equipe sugestões para as festas do grupo e novamente use Mapas Mentais para avaliar todas as possíveis opções.
- Organize um dia ou noite do grupo que atraia o interesse de todos. Crie um Mapa Mental de todos os interesses dos membros da equipe, desde dardos até dança, e convide-os a contribuir com suas especialidades. Você se espantará ao ver os seus colegas sob uma luz totalmente nova.

Próximos passos

Proporcione ao seu cérebro todas as oportunidades de criatividade possíveis. Exponha-se a novas experiências e a novas pessoas, e procure ativar todos os seus sentidos sempre que a ocasião se apresentar. Quanto mais ideias você tiver, maior será o número de associações possíveis. Como você não sabe que experiência ou ideia útil pode surgir, esteja atento a cada momento do dia.

Para lembrar-se, elabore um Mapa Mental de como você pode estimular o cérebro a fazer de cada dia uma experiência de criatividade.

Modos de liberar a sua criatividade

Sempre que tiver de pensar de modo criativo ou claro no seu trabalho, lembre-se em primeiro lugar dos Mapas Mentais. Use-os para expandir ideias e para ajudá-lo a pensar livre de amarras. Para otimizar o potencial criativo dos Mapas Mentais, é essencial conservar a mente "afiada" e manter e aumentar o banco de dados de ideias e conhecimento da mente. Quanto mais fatos você tiver à sua disposição, maiores serão os resultados criativos potenciais.

• **Ouça e aprenda** – Ouça a si mesmo. Se você tem a tendência a interromper outras pessoas quando estão falando com você, pense em como você se sente quando alguém o interrompe. Uma pessoa que é ruidosa e fala exageradamente não demonstra ser um membro simpático de um grupo de trabalho. Ao ouvir os outros, você não só aprenderá muito mais, mas também encontrará um ouvido disposto a escutá-lo quando precisar de alguém a quem expor suas ideias.

Ao perceber o quanto você pode aproveitar ouvindo mais, sua sede de aprender se intensificará. Isso o estimulará a inscrever-se num curso a distância ou numa escola noturna. Por exemplo, você poderia aprender uma língua estrangeira, um programa de computador específico ou estudar desenho gráfico. Mesmo que o assunto não se relacione diretamente com o seu trabalho, a nova experiência contribuirá com o seu potencial criativo.

• **Leia** – Ler livros que você normalmente não escolheria pode ser uma atividade muito prazerosa para o seu cérebro. Pense bem na próxima vez que estiver escolhendo um livro. Se ele não for uma obra que você normalmente leria, essa é uma razão a mais para fazer uma tentativa. E caso leia o mesmo jornal a caminho do trabalho todas as manhãs, compre um periódico alternativo. Nunca se sabe; talvez você passe a preferi-lo, e mesmo que isso não aconteça você terá acumulado uma nova experiência e perspectiva a respeito da vida. Quando ler alguma coisa que você quer lembrar, faça um Mapa Mental dessa leitura. Podemos fazer Mapas Mentais de livros com o título como ideia central, os capítulos como os ramos principais e os temas e as suas impressões como os ramos secundários.

• **Rabisque e desenhe** – Mesmo que você não se considere um artista, os rabiscos em seu bloco de anotações mostram que existe um artista dentro de você, ansioso para libertar-se e revelar seus talentos ocultos. Mesmo que não esteja para ganhar um importante prêmio artístico, se der rédea solta aos seus impulsos artísticos, você se surpreenderá com o que pode conseguir. Liberando a sua imaginação com rabiscos e desenhos em seus Mapas Mentais, você ajudará o processo de estabelecer conexões criativas – e soluções.

• **Amplie os seus horizontes** – Aproveite todas as oportunidades para fazer novos amigos e contatos, profissional e pessoalmente. Eles lhe darão uma nova perspectiva sobre a vida, o que é vital para manter a sua criatividade aguçada e a sua imaginação desperta. E um dia, quem sabe, eles poderão ser úteis em algum aspecto profissional.

Viagens expandem a mente e também os seus pontos de referência, e assim você não fica limitado às mesmas experiências como todos os demais no seu escritório: você foi ousado e tentou alguma coisa diferente. Se sempre passa uns dias na praia no verão, procure fazer alguma coisa totalmente diferente dessa, como esquiar na neve no inverno.

• **Sonhe e devaneie** – Se você se lembrar dos sonhos ao acordar, escreva-os imediatamente. Tenha caneta e papel ao lado da cama para esse objetivo. Os sonhos podem conter informações interessantes sobre a sua vida, personalidade e relacionamentos. De modo semelhante, devanear é uma maneira essencial de envolver-se com as atividades do cérebro direito e é um bom exercício para a imaginação. Os Mapas Mentais são a solução perfeita para desenvolver os seus devaneios.

> **• Mantenha a sua máquina de Mapas Mentais em boas condições**
> – O seu cérebro é um órgão do corpo tanto quanto o coração e os pulmões. Há uma boa razão para o ditado latino *mens sana in corpore sano* – mente sadia em corpo sadio. As suas células cerebrais precisam não somente de um suprimento abundante de oxigênio e de nutrientes que as alimentem; elas precisam também operar *sinergicamente* num corpo saudável. (Para saber mais sobre isso, veja meus livros *Headstrong* e *The Power of Physical Intelligence*.) É por isso que exercícios são de capital importância para uma mente vibrante. Lute contra o impulso de escarrapachar-se na frente da televisão ao voltar do trabalho. Em vez disso, frequente um ginásio esportivo ou inscreva-se numa academia no seu bairro. Faça isso com um amigo, para que vocês possam se motivar mutuamente. Se você tornar o exercício uma parte agradável e divertida da sua vida, o seu cérebro lhe agradecerá por isso.

Nos próximos capítulos, veremos como usar Mapas Mentais para abordar aspectos específicos da atividade profissional, como o modo de usá-los para coordenar reuniões produtivas e para fazer apresentações sem maiores esforços. Você será capaz de alimentar o seu cérebro com ideias – e de lembrá-las. Você liga o cérebro – sua máquina de criatividade – e ele fica pronto para partir. Para começar, veremos como resolver problemas com Mapas Mentais.

2

O novo enfoque à solução de problemas

Uma das principais habilidades para ter sucesso na profissão é a aptidão de encontrar soluções rápidas e criativas para os problemas e dificuldades que inevitavelmente surgem.

Como evitar a tensão do cérebro

Quando deparamos com um problema que precisa de atenção, quase sempre "forçamos" o cérebro para encontrar uma solução. Além de ser uma maneira ineficaz de alimentar a nossa criatividade, essa atitude pode resultar em esgotamento, o qual por sua vez se agrava com a perda do sono à noite, quando nos agitamos e reviramos na cama enquanto a mente se debate com o problema. Tensionar o cérebro desse modo quando ele está cansado e extenuado não trará uma solução satisfatória.

Em vez disso, é preferível recorrer a Mapas Mentais sempre que você deparar com uma situação que exige clareza, diagnóstico e solução. Encare a situação como um desafio positivo, uma oportunidade para demonstrar as suas aptidões e exercitar os seus músculos criativos.

Adote Mapas Mentais para resolver problemas no trabalho seguindo um ou outro dos seguintes caminhos:

1 **Comece com o problema** em si como imagem central e *avance* a partir dele. Por exemplo, se você recebeu reclamações de clientes sobre procedimentos inadequados na prestação de serviços, a imagem central pode ser um cliente insatisfeito com o cenho franzido.
2 **Comece com uma solução** como imagem central e trabalhe *retrospectivamente*. Aqui o cliente irritadiço se transforma num consumidor satisfeito que fala aos amigos e familiares sobre a sua excelente organização.

Esses dois enfoques são igualmente válidos. De fato, o problema pode ficar mais claro para você e para a sua equipe se você desenvolver os dois Mapas Mentais e observar onde eles se sobrepõem.

Enfrentando a situação

Problemas numa empresa surgem em todas as formas e dimensões. Eles podem variar desde um pequeno soluço numa operação que afora isso transcorre tranquilamente até um problema grave que pode ameaçar a própria existência do negócio. Às vezes as dificuldades aparecem inesperadamente, outras vezes elas se desenvolvem ao longo de um período extenso de tempo. Em qualquer circunstância, uma vez constatada a existência de um problema, esse é o momento de enfrentar a situação e usar Mapas Mentais para encaminhar-se a uma solução ótima.

Como lidar com problemas imediatos

Imagine a cena. Você é o gerente da Book U Love, uma livraria independente. É véspera de Natal e a loja está lotada de clientes de última hora. O nervosismo está à flor da pele entre os que querem ser rapidamente atendidos para poder ir para casa e preparar os presentes. Os funcionários, por sua vez, estão cansados de um dia inteiro de trabalho e ansiosos pelo fim do expediente.

Você é chamado a um setor onde uma cliente está reclamando. A vendedora não consegue encontrar um livro que a cliente havia reservado para a filha semanas antes, e o estoque está esgotado. A funcionária está explicando que a norma da casa é reservar livros apenas por uma semana e que a cliente devia tê-lo procurado dias antes. Esta, incomodada que lhe digam o que devia ter feito, irrita-se e pede para falar com o gerente.

Embora o seu instinto seja resmungar e fugir do obstáculo, essa é a sua loja, e o seu papel é assumir responsabilidade pela situação.

Como gerente, você precisa fazer uma distinção clara entre a cliente e a sua vendedora. Encorajando-se, você toma meio minuto para elaborar mentalmente um Mapa da situação que se apresenta. A sua imagem central é uma cliente satisfeita cujo Natal não será de forma nenhuma prejudicado por um livro perdido. Os ramos principais do Mapa Mental poderiam ser:

1 **Achar uma solução** – você precisa descobrir uma solução imediata para o problema : encontrar um livro para a cliente.

2 **A reputação da loja** – você não quer que clientes potenciais falem do atendimento deficiente na Book U Love enquanto comem o peru e a farofa da ceia de Natal.

3 **Sua vendedora** – faltam apenas algumas horas para o fim do expediente e esse é o primeiro Natal em que ela trabalha na loja. O ritmo frenético deixou-a esgotada.

4 **O problema** – você precisa analisar o problema, não apenas encontrar uma solução, mas também garantir que ele não volte a ocorrer no futuro.

5 **Você mesmo** – essa experiência não pode manchar o que até agora foi um período de sucesso administrando a loja. Você precisa resguardar tanto o seu pessoal como os seus clientes.

Você encara a situação potencialmente explosiva com serenidade. Depois de visualizar o seu Mapa Mental, você está no controle da situação. Veja como o Mapa Mental orienta sua ação:

1 Você pergunta à sua funcionária se ela gostaria de fazer o intervalo para um cafezinho nesse momento. Você pode dizer-lhe que ela está nervosa e que precisa de uma pausa para se acalmar. Ela pode irritar outros clientes ou colegas projetando sua frustração neles.

2 Você ouve as reclamações da cliente. Você a leva para o lado e lhe pede que exponha o problema. Revirando os olhos em sinal de impaciência, ela explica novamente, mas agora um pouco mais calma. Ela fica satisfeita ao ver que você procura compreender a situação

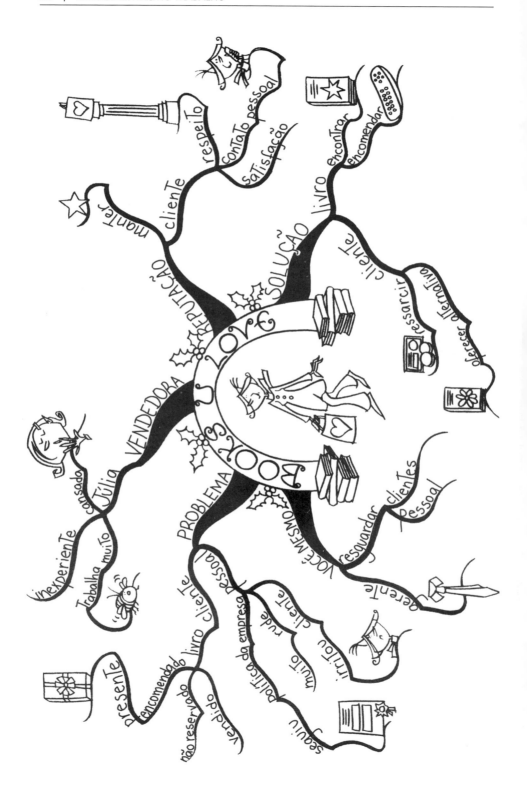

pessoalmente. Embora concorde mentalmente com a sua vendedora – você sabe que a cliente devia ter retirado o livro antes – talvez esse detalhe não lhe tenha sido explicado claramente quando ela o encomendou. Isso pode ter sido descuido do seu pessoal. Nesse caso, como gerente, você precisa assumir a responsabilidade.

3 Pensando na reputação consolidada da loja, você explica que livros encomendados são mantidos no estoque apenas por uma semana, e desculpa-se por isso não lhe ter sido explicado no ato da encomenda. Você diz à cliente que fará todo o possível para localizar outro exemplar, telefonando para os seus contatos locais. Se não conseguir encontrar um exemplar, ofereça-lhe um livro alternativo gratuito e um bônus a ser aplicado em alguma nova compra depois do Natal. Disponha-se ainda a fazer uma nova encomenda do livro e explique que ele estará à disposição na primeira semana de janeiro, caso ela queira fazer novo pedido. Desculpe-se por esse livro específico não chegar em tempo para que a filha o receba como presente de Natal, mas expresse o seu desejo de que ela goste do livro recomendado por você, pois ele é muito popular e a sua própria filha gosta muito dele. A cliente agora está sorrindo, aceita o bônus e despede-se. Com esse tratamento, ela certamente dirá às amigas e familiares como foi bem tratada por você. Isso é bom para você e para a sua loja. Não fosse assim, comentários negativos se espalhariam rapidamente, alimentados pela raiva e pela frustração da cliente.

4 Em seguida, você se dirige à sua funcionária e explica que como o pedido não foi feito nem a você nem a ela, nenhum dos dois sabe o que foi ou não dito à cliente. Você registra mentalmente que deve providenciar para que todo o seu pessoal saiba claramente como receber pedidos. Essa é uma providência a ser adotada para o ano novo. A essa altura, a vendedora está calma e aceita as suas explicações. Você abordou uma situação difícil entre a cliente e a vendedora de maneira tranquila e pacífica.

Problema resolvido.

Esse exemplo mostra até que ponto os Mapas Mentais podem ser indispensáveis como o seu *primeiro porto de escala* quando você depara com um problema no trabalho. Mesmo que você não tenha canetas coloridas e papel à mão, o seu cérebro pode elaborar mentalmente um Mapa Mental, uma imagem virtual da situação que o ajude a traçar um plano de ação.

O Mapa Mental lhe dá condições de controlar todas as informações relacionadas com o problema, numa configuração segura e estável, mostrando-lhe o panorama geral e também os detalhes, permitindo-lhe assim tratar o problema de moda abrangente e integrado. Como diz Harry Scott, da Speakers International:

"A essência da construção de Mapas Mentais é que ela é um processo totalmente natural. Um Mapa Mental coloca tudo num único quadro que lhe conta a história inteira."

Quando você elabora mentalmente um Mapa Mental, a imagem central é de suma importância, pois ela informa absolutamente tudo o que você quer alcançar ou o ponto crucial do problema que você precisa resolver.

Mapas Mentais em ação: Con Edison

Depois do 11 de setembro e da destruição do World Trade Center, todos os serviços essenciais de grandes áreas da cidade transformaram-se num caos. As linhas de comunicação, o abastecimento de gás, de eletricidade e de água e as redes de esgoto entraram em colapso. Essa interrupção dos serviços públicos significava uma verdadeira ameaça tanto para a indústria e o comércio como para a população.

Con Edison, a empresa fornecedora de gás e eletricidade para os habitantes de Nova York, viu-se diante do desafio de restabelecer a energia para os moradores de Manhattan. Felizmente, a empresa tinha experiência com um recurso fundamental – Mapas Mentais. Con Edison recebeu equipes de todos os setores públicos para desenvolver um complexo plano de ação com o objetivo de encontrar saídas para a crise. Um Megamapa Mental foi elaborado, relacionando todos os problemas e soluções necessárias. Cada etapa foi definida e prioriza-da, com a avaliação do impacto do colapso de um serviço sobre os ou-tros, e isso formou a base de um roteiro de operações. Por exemplo, em alguns casos o restabelecimento da eletricidade era fundamental antes do monitoramento e da restauração do fluxo da água, do gás e da rede de esgotos.

Con Edison criou um Mapa Mental integrado a um monitor de tela grande para exibir dados em tempo real. O Mapa incluía web-links pa-ra todos os documentos importantes. Assim, as informações estavam facilmente à disposição das equipes. Os serviços normais foram resta-belecidos com eficiência e, depois de identificados e documentados os possíveis riscos e perigos envolvidos, com segurança.

A conjunção dos recursos, ideias e experiência com o auxílio de Ma-pas Mentais minimizou a angústia vivida por uma comunidade já trau-matizada.

A solução de problemas persistentes

Com o hábito de construir Mapas Mentais ao deparar com um pro-blema, você começará a perceber padrões recorrentes. Isso pode levá-lo a identificar a necessidade de mudança na sua empresa ou setor de trabalho (ver Capítulo 4).

Imagine-se gerente de um banco privado, Smith & Son, que vem perdendo clientes para os concorrentes. Você precisa identificar ur-gentemente os motivos dessa perda de terreno. Para isso, você pode montar um Mapa Mental que o ajude a detectar os problemas exis-tentes e as possíveis soluções.

Veja um roteiro básico para elaborar esse Mapa Mental:

1 Desenhe a logomarca de Smith & Son como imagem central, demonstrando assim, ao enfrentar os problemas, que você assume o compromisso de manter o banco em funcionamento.

2 Em seguida, relacione os problemas pelos quais o banco está passando, um a um. Essa lista deve incluir todos os elementos da concorrência, inclusive serviços *online*, outros bancos privados e serviços de *telemarketing*. Cada um desses tópicos deve ser assinalado nos ramos principais: "pontos fortes", "ação", "horas" e "concorrência".

3 Desenvolva cada elemento dos ramos principais nos ramos secundários. Por exemplo, do ramo "concorrência" você pode derivar ramos secundários analisando a qualidade dos serviços que Smith & Son oferece em comparação com os concorrentes, em termos de velocidade, de variedade dos serviços e duração do expediente. De modo semelhante, no ramo "pontos fortes" você pode incluir a lealdade dos clientes e do corpo de funcionários.

Embora possam existir problemas que estiveram fermentando durante longo tempo, talvez apenas quando começa a construir um Mapa Mental é que você consegue avaliar o grau de impacto negativo que eles exercem sobre o seu negócio. Com o Mapa Mental, você pode concluir que talvez seja necessária uma mudança radical. Você precisa tomar medidas urgentes. (Ver Mapa Mental colorido de Smith & Son.)

Ao mesmo tempo, você pode também registrar o que o banco está fazendo bem e providenciar para que isso continue assim. Por exemplo, anos de tradição e de bons serviços prestados são benefícios enormes a seu favor. Há equilíbrio aqui, e um Mapa Mental o ajudará a descobri-lo.

Ao envolver os colegas no processo e discutir os problemas com eles, você terá todos ao seu lado no momento de implementar soluções. Isso é fundamental – você precisa vender a solução para eles, não apenas comunicá-la. Aqui, o Mapa Mental terá um papel decisivo para situar as dificuldades do banco num contexto mais amplo.

Por exemplo, os funcionários talvez precisem trabalhar mais horas aos sábados. Se vocês estiverem trabalhando juntos desde o início para resolver os problemas com a ajuda do Mapa Mental, eles compreenderão melhor os motivos dessa necessidade. Assim também é possível que os seus colegas contribuam com novas ideias para solucionar o problema. A consulta e o entendimento são recursos valiosos para uma gestão eficiente e dinâmica.

Mapas Mentais e a arte da negociação

O processo de solução de problemas pode envolver negociação, mas esta, para acontecer, deve resultar de um entendimento conduzido com habilidade e argúcia.

Distanciar-se para solucionar

Ser-lhe-á de grande proveito distanciar-se do problema que enfrenta. Faça um pequeno passeio e volte à análise da situação, com a mente revigorada e lúcida.

Os romanos cunharam a frase *solvitas perambulum*, que se traduz como "resolve enquanto caminhas". Eles acreditavam que a combinação de ar fresco, afastar-se fisicamente da fonte do problema, exercícios físicos leves e inspiração criativa propiciada pela natureza operava milagres quando precisavam resolver alguma questão.

O estado ideal para fazer associações num Mapa Mental é aquele em que a sua imaginação pode correr solta. Se depois de debruçar-se pertinazmente sobre os vários aspectos de um problema você der ao cérebro um pouco de descanso, descobrirá que a solução lhe ocorrerá com maior facilidade.

Negociações produtivas com Mapas Mentais

Tradicionalmente, a negociação é vista num contexto "eles v. nós", "sindicatos v. empresários". Os participantes iniciam as negociações apresentando "listas de reivindicações" e depois se revoltam e acabam frustrados se não conseguem tudo o que reclamam. Quando ambos os lados empreendem o processo de negociação desse modo, a solução só poderá ser parcial, na melhor das hipóteses, e nenhum deles ficará satisfeito.

A preparação de "listas de reivindicações" elimina toda possibilidade de pensamentos criativos. É como ter várias barricadas bloqueando as vias de entrada e saída de uma cidade. Um Mapa Mental, porém, o mantém concentrado nas suas metas e ao mesmo tempo sensível ao quadro geral. Além disso, você pode mapear as suas ideias e as dos outros, de modo que áreas de sobreposição sirvam de base para a negociação.

Uma reunião de Mapas Mentais

A Gulf Finance House, no Bahrein, consultou-me sobre a possibilidade de trabalhar com eles no desenvolvimento de projetos importantes, inclusive a construção desde o início de ilhas para abrigar cidades inteiras. Fui convidado ao Barhein para visitar a empresa e conhecer o seu plano estratégico com o objetivo de avaliar a possibilidade de trabalhar no projeto. Depois de três dias de troca de informações, chegou o momento de negociar. Naturalmente, o propósito primeiro de toda negociação é chegar a um resultado que seja conceitualmente satisfatório para todas as partes e vantajoso no curto, médio e longo prazos.

A negociação tradicional é incrivelmente prolixa e ineficiente. Dessa vez, reuni-me com o gerente geral e montei um Mapa Mental do que eu pretendia fazer com eles; simultaneamente, ele elaborou um Mapa do que queria que eu fizesse. Combinamos que só começaríamos a negociar quando tivéssemos decidido exatamente o que queríamos um

> do outro. Concluídos os nossos Mapas Mentais, ele me comunicou tudo o que esperava de mim. O fato extraordinário foi que, quando chegou a minha vez de apresentar o que eu esperava da nossa parceria, eu não tinha praticamente nada a acrescentar. Os nossos Mapas Mentais eram praticamente idênticos. Os Mapas Mentais facilitaram muito a negociação para nós dois porque percebemos que ambos queríamos a mesma coisa.

Sugestões para negociações bem-sucedidas

Depois que ambas as partes expõem o conteúdo dos seus respectivos Mapas Mentais, haverá oportunidade para análises e debates. As sugestões a seguir complementam o seu Mapa Mental para que você obtenha o que espera das discussões:

1 **Transforme o silêncio em espaço positivo** – Havendo uma pausa durante a negociação, não é obrigação sua preenchê-la. Um intervalo natural nesse momento pode ser oportuno, enquanto o cérebro de ambas as partes elabora o que cada um de vocês realmente pensa. O silêncio pode ser um expediente valioso – acolha-o e use-o positivamente.

2 **Ouça com atenção** – Ouça com cuidado a pessoa com quem você está negociando. Isso não significa simplesmente acompanhar o que está sendo dito para que você possa replicar no fim. Se você ouvir as pessoas com atenção, elas retribuirão o favor. Você compreenderá mais claramente onde elas se situam em relação aos pontos que fazem parte do seu Mapa Mental. Assim, a negociação terá maior sucesso e mais facilmente os dois obterão o que desejam.

O Mapa Mental é o único recurso de que você precisa para definir o que quer de qualquer negociação. Se todas as partes que se reúnem em torno de uma mesa de negociações usam Mapas Mentais, todas se beneficiam e chegam a resultados bem-sucedidos.

> ## Negociando com Mapas Mentais
>
> Kathleen Kelly Reardon escreveu *The Secret Handshake* e *The Skilled Negotiator*. Ela diz:
>
> *"Um dos aspectos que considero de grande relevância para a elaboração de Mapas Mentais é que o negociador habilidoso pensa em termos de opções. O negociador menos hábil pensa em termos de limitações. Um dos fatores de fracasso numa negociação é a previsibilidade. Com Mapas Mentais, você pode pensar em termos de múltiplas alternativas e essa é uma das coisas em que eu treino as pessoas o tempo todo."*

Aconselhando-se no trabalho

Todos precisamos de conselhos no trabalho. Quer deparando com uma dificuldade específica em sua própria tarefa ou, numa escala maior, procurando uma maneira de formular uma nova política empresarial importante, conhecer as ideias dos outros só lhe traz benefícios.

Evidentemente, a pessoa a quem você se dirige em busca de orientação dependerá da natureza do problema. Em alguns casos, você pode analisar se a sua companheira ou família conhecem o suficiente a respeito da sua atividade para terem condições de ajudar.

Como alternativa, talvez você possa confiar em alguns membros do seu grupo. Para quem quer que você se dirija, o importante é pedir orientação quando há necessidade e daí incluir essa orientação num Mapa Mental. Isso lhe dará uma visão muito mais clara da sua situação particular e uma ideia quanto ao melhor curso de ação.

Há muito tempo alastra-se nas organizações o mito de que, se uma pessoa precisa de ajuda, ela não deve estar realizando o seu trabalho apropriadamente. Pelo contrário, é infinitamente preferível trabalhar como uma equipe. Trabalhando junto criativa e sinergicamente, o total de ideias e criatividade que você terá à sua disposição será maior do que a soma das contribuições individuais do grupo.

Criando um sistema de apoio

Os sistemas de apoio, formais ou informais, existem para que os problemas possam ser analisados em conjunto. Se você é proativo e estabelece um sistema de apoio, os que trabalham com você formarão uma equipe mais feliz. Elabore um Mapa Mental que o ajude a criar um sistema de apoio.

MAPA MENTAL DE UM SISTEMA DE APOIO

1 *Como figura central, desenhe um empregado sorridente. Este exemplo começa com a solução e retrocede; o seu objetivo é alcançar o que a imagem central representa. Como o seu cérebro não "soluciona problemas", mas "descobre soluções", ele funciona de acordo com a visão que você lhe oferece. Ao criar o seu Mapa Mental do sistema de apoio, se a sua imagem central é um empregado feliz, todas as suas associações irradiar-se-ão automaticamente dessa ideia/objetivo central.*

2 *Desenhe ramos tortos a partir da imagem central e escreva uma palavra em cada um. Cada ramo representa um modo de desenvolver um sistema de apoio no trabalho. Em empresas maiores, esse sistema pode ser um telefone central de ajuda ou o atendimento confidencial dado por um conselheiro. Em organizações de qualquer natureza, um ramo pode representar um "sistema tutorial" em que, ao reunir-se, alguns integrantes do grupo se encarregam de outros para ajudá-los em situações as mais diversas, desde ensiná-los a operar uma fotocopiadora até ouvir preocupações mais sérias sobre o trabalho, manifestadas em absoluta confiança. Você pode incluir membros mais antigos do grupo e também de outras associações profissionais.*

Em certas situações, é necessário assegurar confidencialidade dentro de uma equipe, e nesse contexto um Mapa Mental pode cumprir a função de "código secreto". Para isso, você e os integrantes da equipe decidem sobre os sentidos e o significado específicos de certas cores, símbolos e palavras, só conhecidos por você e pelo grupo. Por exemplo, verde no Mapa Mental pode significar sempre "concordância". Desse modo, uma camada secundária de informações, disponível somente para os que têm a chave, pode ser incluída no Mapa.

3 *Use ramos secundários para ampliar o seu pensamento sobre cada sugestão dada nos ramos principais. Associações profissionais, por exemplo, frequentemente oferecem orientações jurídicas ou, no mínimo, um contato telefônico com um advogado experiente com problemas legais da indústria. Use cores para destacar as sugestões que você considera as mais apropriadas, práticas e relevantes para a sua empresa em particular.*

4 *Ouça as ideias dos demais integrantes do grupo e registre-as no seu Mapa Mental.*

5 *Apresente as ideias do grupo para o seu líder, sempre fundamentado no seu Mapa Mental. (Ver Capítulo 7 para outras ideias sobre o uso de Mapas Mentais para dissipar o nervosismo ao fazer uma apresentação.)*

Grupos de Apoio

Às vezes será salutar contar com toda a maior ajuda e orientação possíveis para encontrar a melhor solução para um problema. Imagine como seria se você pudesse consultar as pessoas mais sábias que o mundo já teve. Um Grupo de Apoio (ou Mastermind Group) pode fazer isso. Com a imaginação, você pode discutir os seus problemas com gênios como Leonardo da Vinci ou Stephen Hawking. Talvez você queira também combinar criatividade superior com perspicácia administrativa moderna. Assim, você pode justapor Da Vinci ou Hawking às ideias de um cérebro empreendedor moderno, como Martha Lane-Fox, cocriadora do site lastminute.com, que acumulou a bela fortuna de 30 milhões de libras em apenas alguns anos.

Para formar o seu Grupo de Apoio, pense em pessoas talentosas que o inspiram e que deixaram um legado de criatividade. Talvez um músico seja o seu grande herói, ou um cantor cujas letras tenham um significado especial para você, ou ainda um escritor cujas opiniões você respeita, e por fim quem sabe um *chef* consagrado que sempre o impressionou com sua atitude imaginativa e heterodoxa com relação a alimentos e bebidas. A seleção pode ser tão variada quanto você quiser, pois não há regras nem limites: esses Grupos de Apoio podem estar mortos ou vivos, podem ser homens ou mulheres, jovens ou velhos. O único requisito que devem ter em comum é que todos lhe sirvam de inspiração.

Depois de formar o seu Grupo de Apoio, apresente-lhes o problema; ouça os debates animados que eles mantêm sobre o melhor caminho a seguir. O seu cérebro tem uma capacidade notável, embora adormecida, para assumir diferentes personalidades e para avaliar qualquer situação do ponto de vista de cada uma delas. O seu Grupo de Apoio propicia ao seu cérebro a estrutura necessária para fazer isso, e fazê-lo das perspectivas de:

- Força;
- Criatividade;
- Originalidade;
- Poder;
- Inteligência;
- Sabedoria;
- Foco;
- Interesse.

Com a energia plena da sua imaginação, dirija-se ao grupo como se ele fosse real, alternando entre debates gerais e debates individualizados em que você e o seu Grupo de Apoio escolhido mantêm conversas aprofundadas sobre a situação. Você se surpreenderá ao constatar como esses Grupos de Apoio se tornam reais e como os conselhos que lhe dão serão radicalmente diferentes de tudo o que você possa ter considerado com o seu modo habitual de pensar. À medida que prosseguir, vá construindo o seu Mapa Mental e acrescentando os conselhos oferecidos por esse seu grupo seleto.

Alternativamente, escolha um herói, ou heroína, em particular do seu Grupo de Apoio e mantenha com ele uma conversa aprofundada a respeito do problema. Pense sobre o que ele diria e fique atento à orientação que lhe for dada.

Como antes, inclua essa orientação no Mapa Mental e veja a que ações este agora remete.

Todas as grandes figuras da história se beneficiaram com a presença de pessoas inspiradoras à sua volta, pessoas que as orientaram, aconselharam, motivaram e, acima de tudo, ajudaram em situações que exigiam a solução de problemas.

Alexandre, o Grande

O rei Filipe da Macedônia investiu grandes somas na educação do seu filho Alexandre. Ele lhe deu liberdade para escolher o seu próprio processo de aprendizagem, e assim Alexandre optou pelo combate físico, pela cultura e artes, e pela filosofia e ciências. Em cada uma dessas áreas, ele pôde contar com os melhores professores da época, recebendo orientações em filosofia, por exemplo, do grande filósofo Aristóteles.

Como resultado do seu rico e variado Grupo de Apoio, Alexandre, o Grande, tornou-se um líder natural e visionário que fundou mais de 100 universidades durante o seu reinado, com a finalidade de melhorar e aperfeiçoar a educação dos seus súditos.

O Grupo de Apoio no trabalho

Visionários verdadeiros compreendem que sempre haverá problemas, especialmente quando a empresa passa por um período de mudanças. Tradicionalmente, muita ênfase é dada à relação administração-colaboradores. Entretanto, quando se formam equipes nos diversos departamentos com a intenção expressa de solucionar problemas, elas podem oferecer uma perspectiva muito mais ampla com relação ao trabalho.

Os Grupos de Apoio podem também ajudar os departamentos a ficar em contato com o que estes estão fazendo e possibilitar que as pessoas conheçam o que outros colegas de empresa fazem. Isso beneficia os empregados no sentido de que podem então ver o panorama geral e também leva tanto a administração quanto os colaboradores a perceber onde talentos específicos serão mais eficazes para a empresa. Para obter o benefício da contribuição criativa do seu Grupo de Apoio, você precisa elaborar um Mapa Mental de todas as diferentes perspectivas e opiniões para ver como elas se harmonizam.

Grupos de Apoio na prática

Se você ocupa um cargo administrativo, procure promover reuniões de alguns Grupos de Apoio em diferentes ocasiões do mês. A cada seis meses, recomponha os grupos para que cada participante seja apresentado a novos rostos e ideias. Isso estimula todos a trabalhar em conjunto e oferece um novo ponto de referência que não faz parte do objetivo imediato dos integrantes da equipe. Providencie para que quando os Grupos de Apoio se reúnem, Mapas Mentais sejam usados como forma de anotação e para que sejam conhecidos pelos membros do grupo antes de cada reunião (*ver* p. 206).

Mapas Mentais: eliminando a pressão

Como trabalhador arguto, você perceberá que o seu cérebro não oferece as melhores soluções quando você está estressado, frustrado, extenuado e correndo de um lado para o outro tentando apagar centenas de pequenos incêndios, todos com o potencial de se transformar em grandes desastres.

Você também sabe que fazer listas intermináveis é um procedimento ineficaz para solucionar problemas. Com Mapas Mentais, o seu cérebro oferecerá soluções práticas e eficazes quando ele está relaxado, estimulado e concentrado na tarefa a ser realizada. Isso acontece porque os Mapas Mentais abarcam todos os elementos de um problema numa única "tomada" visual, mostram-lhe onde deve estar a verdadeira ênfase e são a ferramenta perfeita para eliminar o stress. Acrescente a isso o fato de que a cor e as imagens estimulam e incorporam um número maior dos seus guerreiros mentais para lidar com qualquer problema e que você dispõe de um recurso que irá tanto resolver o problema como melhorar a sua saúde física e mental.

Numa situação que exige negociação cautelosa, o uso de Mapas Mentais estimula pensamentos claros e oferece opções ilimitadas, em vez de confrontos ressentidos. Usados em conjunto com Grupos de Apoio, os Mapas Mentais se tornam ainda mais eficazes, ajudando-o a aproveitar ideias de algumas das mentes mais privilegiadas do mundo.

Conquanto sempre haverá problemas surgindo no trabalho, Mapas Mentais o capacitam a enfrentar os desafios e expõem as suas habilidades para encontrar soluções. O que pode ter sido visto simplesmente como um obstáculo torna-se uma oportunidade para manifestar a sua criatividade. Além disso, ao adotar Mapas Mentais para planejar com antecedência, é possível evitar potenciais dificuldades, antes de mais nada. É isso que analisamos no próximo capítulo.

3

Planejamento perfeito para progresso ilimitado

Planejamento não necessariamente precisa sugerir horas enfadonhas fazendo anotações e manuseando documentos sem fim. Com Mapas Mentais, ele pode ser uma tarefa divertida, fácil de realizar, criativa e produtiva.

Planejando para o progresso com Mapas Mentais, você descobrirá que é mais fácil e mais agradável realizar aquelas atividades que tende a deixar para outro dia. Os Mapas Mentais desmistificam a administração do tempo e as decisões administrativas, proporcionando-lhe mais tempo para fazer aquilo que você *gosta* de fazer.

Mapas Mentais para investimentos de alto risco

Linda Sontag, investidora na Axiom Venture Partners, com sede em San Francisco, diz:

"Sou investidora de capitais, por isso a minha atividade gira em torno de investimentos de alto risco. Todas as semanas, analiso dez planos de novos negócios e visito duas ou três empresas. Eu uso os Mapas Mentais para registrar todas as informações que recebo de cada organização. Mapas Mentais são o processo fundamental por meio do qual faço as minhas avaliações para julgar a conveniência ou não de investir nessas companhias. Faço muito poucas anotações, e hoje menos ainda do que até recentemente, porque me acostumei com essa técnica. Os Mapas Mentais simplesmente fluem; eles se tornaram parte do meu modo de conduzir os negócios e da maneira como me mantenho a par das complexas empresas e indústrias que acompanho."

Como demonstra Linda, o planejamento é uma solução administrativa que pode propiciar-lhe uma vantagem competitiva e os Mapas Mentais são a manifestação mais transparente do processo de planejamento. Com um Mapa Mental, você pode Mapear qualquer coisa, desde um *curriculum vitae* até o planejamento de um grande empreendimento. Nesse contexto, um aspecto de fundamental importância é que os Mapas Mentais o ajudam a estar sempre atento aos seus objetivos.

Planejamento empresarial

As empresas que planejam bem são as que recebem as melhores avaliações dos consumidores – não por acaso, são também as mesmas que apresentam os melhores resultados financeiros, ano após ano.

Ganhe influência e reduza a sua carga de trabalho

Dwain Dunnell, o cérebro por trás do sistema de emagrecimento Slimtone, diz:

"Todos os meus planos administrativos no passado eram listas. Isso é muito difícil, porque o cérebro não funciona como uma lista. Se fizer um Mapa Mental para a semana ou para o dia, você pode ver o caminho que precisa seguir para alcançar os seus objetivos. Com os Mapas Mentais, eu fiz em meia hora todo o planejamento para ganhar 20 milhões de libras num ano. Os Mapas Mentais são de uma eficácia enorme porque nos dão condições de influenciar. A influência nos dá poder e o poder nos permite realizar os nossos objetivos. Sabendo como um Mapa Mental funciona, você compreende o funcionamento do seu cérebro."

Começando um negócio

A perspectiva de iniciar o seu próprio negócio pode ser assustadora. Mas se você está preparado para assumir o risco, as vantagens em prosseguir sozinho são muitas. Embora a responsabilidade seja enorme – o ônus cabe realmente a você – ela lhe possibilita:

- Controlar o destino da empresa;
- Dirigir o modo de atuar da empresa;
- Contratar a sua equipe dos sonhos;
- Ter a regalia de poder trabalhar onde e quando você quiser.

O primeiro passo para a criação da sua empresa é fazer um Mapa Mental do que você tem em mente. Se você quer atrair recursos financeiros de terceiros, o planejamento do negócio é uma ferramenta essencial para incentivar possíveis investidores.

MAPA MENTAL PARA UM PLANO DE NEGÓCIOS

Imaginando que a sua empresa já esteja estabelecida e funcionando, você terá maior facilidade para visualizar o plano do negócio e para elaborar o Mapa Mental:

1 *Desenhe uma imagem representativa da empresa no centro do Mapa Mental. Essa imagem pode ter a forma de uma construção, pode ser a representação de um produto ou mesmo a síntese da missão da organização.*
2 *Desenhe um ramo principal a partir da imagem central e intitule-o "inigualável". Crie ramos secundários para analisar o que torna o seu produto ou serviço inigualável e por que você acredita que ele superaria o da concorrência.*
3 *Desenhe outro ramo principal a partir da imagem central e intitule-o "clientes". Faça ramos secundários para definir exatamente quem são os seus clientes, o que eles querem e por que estão à procura do que você oferece. Inclua aqui a receita que você espera ter com cada cliente. Se puder consultá-los, use dados financeiros atuais de um negócio semelhante para comparar e efetuar julgamentos apropriados.*
4 *Desenhe um terceiro ramo principal com o título "escritórios". Aqui você pode analisar as instalações que pretende utilizar, além dos setores administrativo, financeiro e mercadológico da empresa, incluindo detalhes da sua estimativa de custos.*

5 Desenhe mais um ramo, agora identificado como "estrutura", para abordar a força de trabalho, incluindo possíveis sócios. (Caso o seu plano do negócio for usado como recurso para assegurar capital de risco, inclua os nomes dos sócios e as experiências passadas relevantes que eles possam ter. Isso pode fazer toda a diferença para um investidor que queira tomar uma decisão segura.) Com a ajuda de ramos secundários, analise a questão do recrutamento de pessoal e das estratégias de mercado, além da estrutura da equipe que você pretende formar. Essa estrutura pode compreender diferentes níveis de habilidades e qualificação, além de colaboradores de tempo integral, de tempo parcial e de contratos eventuais e temporários.

Criando os títulos do plano do negócio

No momento de realmente elaborar o seu plano, faça o Mapa Mental incluindo nele as suas ideias, registradas sob títulos específicos. Num plano de negócios formal – algo que você apresentaria ao gerente do seu banco ou a um possível investidor – os títulos devem sempre incluir o seguinte:

• **Resumo executivo** – É a síntese do que vem a seguir e em geral é a última coisa a ser escrita num plano de negócios.

• **Empresa** – O que é exatamente a sua empresa e o que oferece?

• **Mercado** – Qual é o seu mercado-alvo? Existem outras empresas que você considera como concorrentes? Em caso afirmativo, encare o fato e mencione-o no plano. Identifique o que você faria de diferente na sua empresa e por que esse seria um apelo de venda decisivo para o seu negócio.

• **Produto ou serviço** – Qual é o seu produto ou serviço, e como e quando será usado?

• **Administração** – Se tiver sócios, quem são eles? Que experiências levam para o empreendimento? Caso você espere contar com capital de terceiros, os sócios e o histórico empresarial deles devem constituir a parte mais importante do seu plano.

> ## The LadySkillers
>
> Fiona, Susan e Caroline conheceram-se numa festa. Susan havia terminado de reformar a casa e com o andamento das obras aprendeu os princípios básicos de construção. Caroline trabalhava como encanadora profissional e Fiona era decoradora de interiores. Depois de alguns copos de vinho, elas tiveram a ideia de lançar a The LadySkillers, uma sociedade de mulheres prestadoras de serviços. A LadySkillers teria como alvo específico mulheres profissionais ambiciosas e determinadas, vivendo sozinhas em Londres, que precisassem realizar com urgência pequenas obras em suas residências, mas que não queriam correr o risco de decepcionar-se com biscateiros pouco confiáveis. Quando voltaram a analisar a ideia no dia seguinte, deram-se conta da complexidade do empreendimento. Então, para avaliar se o projeto seria exequível, resolveram montar o Mapa Mental de um plano de negócios como se a empresa já existisse (ver Mapa Mental colorido do plano da LadySkillers).

- **Estratégia e implementação** – Qual é o seu plano de longo prazo para a empresa? A maioria das empresas trabalha orientada por planos quinquenais, embora esse prazo se reduza a dois ou três anos no caso de empresas novas. Seja específico com relação ao que a empresa quer alcançar.
- **Análise financeira** – Você precisa incluir uma análise financeira, especialmente se vai apresentar o plano de negócios para o seu gerente bancário. Faça previsões sobre o desempenho financeiro da companhia baseado em pesquisas sólidas e conhecimento do mercado. No mínimo, essa análise deve incluir tabelas de "Lucros e Perdas" e de "Fluxo de Caixa".

Fazer o Mapa Mental do planejamento da empresa como se ela já estivesse em operação tornará bem menos assustadora a tarefa de elaborar o plano formal. Você já terá abordado os pontos fundamentais e se sentirá em terreno familiar no momento de finalizar o plano.

TEAVAS: A ferramenta responsável pelo sucesso dos seus planos

O mecanismo de sucesso TEAVAS é um recurso empresarial revolucionário porque vê a falha e a avaliação como dois elementos essenciais para o sucesso. Ele combina perfeitamente com os Mapas Mentais: Os Mapas Mentais o ajudam a planejar eficazmente e o TEAVAS o ajuda a monitorar e a reagir aos resultados do que foi planejado. As duas ferramentas contribuem para mantê-lo orientado para os seus objetivos. TEAVAS significa:

- Tentativa
- Evento
- Avaliação
- Verificação
- Ajuste
- Sucesso

Tentativa

Para ser um sucesso, em primeiro lugar você precisa ter tentado alguma coisa. Pode ser alguma coisa totalmente nova ou talvez um sistema ou procedimento diferente.

Seja o que for, se não se dispuser a tentar, você nunca saberá.

Imagine que você queira abrir uma butique. O elemento tentativa seria a sua pesquisa, a elaboração de um plano do negócio, a ida ao banco com o objetivo de obter um empréstimo para iniciar as suas atividades. Seria ainda escolher as peças de vestuário apropriadas, de acordo com as tendências de clientes em potencial e a concorrência na região, e dirigir a propaganda da inauguração iminente ao público alvo adequado. Esses todos são elementos que devem fazer parte do seu Mapa Mental do plano do negócio.

Você deve também incluir aqui uma pesquisa com empresas similares e as lições que elas podem oferecer-lhe. É de grande proveito falar com pessoas que atuam num ramo semelhante ao que você pretende. Se o empreendimento foi bem-sucedido, os diretores ficarão mais do que felizes em falar com você sobre a experiência. Peça-lhes que o conduzam passo a passo nessa trajetória enquanto você elabora o Mapa Mental, usando como imagem central a loja deles. Assim você acabará com uma representação autêntica da experiência deles.

Evento

Uma consequência inevitável do seu cuidadoso planejamento e posterior ação será um evento. No caso da butique, o evento é a inauguração e as primeiras semanas ou meses de atuação. Você pode promover uma festa de inauguração na loja, convidando pessoas para conhecer os produtos em exposição. Você pode inclusive efetuar a sua primeira venda nessa noite.

O evento pode ser a parte mais angustiante do mecanismo de sucesso TEAVAS. Chegando nessa etapa, não há mais como voltar atrás. É aqui que a confiança e a convicção de que o seu empreendimento é uma boa ideia lhe serão de grande valia.

O evento o ajudará a manter o foco e o estimulará a reexaminar periodicamente os Mapas Mentais do plano do negócio para relembrar-lhe os motivos que o levaram a considerar esse empreendimento uma boa ideia e os aspectos peculiares que você introduz no negócio. A familiaridade com os Mapas Mentais que ocupam o centro da sua estratégia empresarial também lhe dará a oportunidade de manter presentes os seus objetivos de curto e de longo prazos.

Avaliação

A avaliação é um elemento essencial no mundo dos negócios, mas em geral ela não é levada muito a sério. A avaliação é fundamental em qualquer etapa de um empreendimento, pois por meio dela você sabe se está progredindo e se terá condições de melhorar. Se a sua butique funcionou durante um mês, embora no sentido estrito de um negócio as receitas no caixa para aquele mês sejam a primeira indicação de sucesso, na verdade a principal fonte de avaliação são os clientes; por isso, pergunte-lhes o que lhes agrada na loja e o que acham que poderia ser mudado.

Com isso em mente, desenhe um Mapa Mental com o cliente como imagem central e inclua os comentários nos ramos principais. Esses depoimentos constituirão o seu esquema para levar o negócio adiante.

A etapa de avaliação também pode ser um período apropriado para convidar para uma visita os gerentes de outras butiques com quem você entrou em contato na primeira fase. Como eles conhecem e compreendem o negócio, podem oferecer-lhe bons conselhos.

O momento é também oportuno para conversar com esses contatos sobre outras preocupações de menor importância que você possa ter. Eles se sentirão lisonjeados se você tiver seguido algumas orientações que lhe tenham dado na etapa inicial. Por isso, destaque possíveis sugestões deles que você possa ter implementado com sucesso. Qualquer pessoa, em qualquer estágio que se encontre em sua carreira, sempre se sente estimulada por avaliações positivas.

Verificação

Como uma pessoa realista, você entende muito bem que sempre existe um processo de aprimoramento, quando não de grande mudança, que deve ser empreendido. A fase de Verificação no mecanismo de sucesso é o momento em que você examina se está se mantendo fiel aos seus objetivos originais e se os pequenos detalhes do modelo teórico do seu negócio efetivamente se concretizam na prática.

Este é um processo contínuo efetuado à medida que você desenvolve o projeto. Por exemplo, no caso da butique: a iluminação nos provadores é boa? Os clientes querem pagar com cartão de crédito, mas você não está preparado para essa forma de pagamento? Você precisa renovar o estoque de algum artigo?

Todos os negócios envolvem verificar diariamente se os clientes estão satisfeitos ou se estão recebendo um atendimento melhor em outras lojas.

Procure não cair na armadilha de pretender conhecer os seus clientes em todos os aspectos. Caso você tenha alguma dúvida sobre possíveis lojas que eles possam preferir à sua, pergunte-lhes. Eles se sentirão envaidecidos, pessoalmente envolvidos no seu negócio e, mais importante de tudo, sentir-se-ão muito mais inclinados a voltar à sua loja devido àquele "toque pessoal".

Compare o seu desempenho até o momento com os objetivos estabelecidos no início, montando um Mapa Mental do ponto em que o seu negócio se encontra. Você pode seguir as instruções aplicáveis ao Mapa Mental para criar um plano de negócio como guia para desenhar o Mapa Mental de avaliação do seu desempenho até o momento. Ao percorrer cada ramo passo a passo, você terá uma ideia clara de onde está alcançando os seus objetivos originais e de onde está falhando.

Ajuste

No caso da loja de roupas, a etapa de Ajuste é o momento em que você pode integrar a avaliação recebida dos clientes e das pessoas experientes do ramo e também reorientar o seu negócio nos aspectos em que ele não está alcançando os objetivos definidos no Mapa Mental original.

Por exemplo, pode haver um consenso de que as roupas de estilo clássico em oferta não são suficientemente estimulantes ou atraentes para as vítimas da moda das passarelas residentes na sua região. Ou pode acontecer que a localização da loja não é muito conveniente para alguns dos seus melhores clientes. Para reparar isso, talvez você possa pensar na possibilidade de uma loja *online* ou num catálogo de pedidos pelo correio. Como você compreende que todo negócio precisa passar por uma etapa constante de ajustes, você já tem a atitude correta. Ao fazer as adaptações necessárias, mantenha o seu Mapa Mental atualizado para refletir o estágio evolutivo atual do seu negócio.

Muitos empreendimentos deixaram de existir porque as ideias dos clientes não foram levadas em consideração. Muitas baixas da era ".com" foram exemplos clássicos de companhias que atraíram capital de risco e que pensaram que podiam mudar o mundo. Mas elas não atraíram uma clientela fiel nem ouviram os clientes no sentido de integrar no negócio as avaliações e sugestões oferecidas.

Sucesso

O seu cérebro quer ter sucesso, e sucesso é a luz no fim do túnel. A ideia do sucesso motiva e inspira você, e a sua determinação significa que você está destinado a chegar lá.

Agora que obteve êxito, talvez você pense que chegou a hora de fazer uma pausa, o tempo de sentar-se com os seus louros; esse seria um erro grave. Os melhores negócios no mundo são aqueles que obtêm sucesso após sucesso e mais sucesso ainda... Depois de dominarem um elemento essencial do negócio, eles podem decidir diversificar suas ofertas, usando o mecanismo de sucesso TEAVAS repetidamente. No caso da butique de roupas, isso poderia ser uma segunda loja ou mesmo toda uma cadeia de lojas.

Aplicação de TEAVAS: Um modo diferente de pensar

Historicamente, os negócios mais bem-sucedidos foram os que ofereceram algo novo. Pode ser uma maneira radical de servir aos consumidores, como a Amazon.com prometendo preços baixos e, crucialmente, a entrega eficiente que parece frustrar muitos outros ".com"; alternativamente, pode ser uma marca que se destaca no mercado e acaba criando uma cultura em torno dessa presença. Marcas de roupas como Levi's e Diesel estão sempre se empenhando em oferecer alguma coisa original e atraente. Esses sucessos demonstram um modo diferente de pensar, e você pode ver claramente como o mecanismo de sucesso TEAVAS funciona. Depois que as empresas alcançam um grau de sucesso, a inovação não para nesse ponto.

Quando você planejar alguma coisa, seja em pequena ou grande escala, reporte-se sempre ao mecanismo TEAVAS para monitorar o resultado do que você pôs em prática. Esse mecanismo o ajudará a identificar as áreas do projeto que precisam de atenção e lhe dará uma excelente oportunidade de sucesso a longo prazo.

Elaboração de um *Curriculum Vitae*

Como toda pessoa responsável pelo recrutamento de pessoal de uma empresa lhe dirá, examinar uma infinidade de CVs é uma tarefa enfadonha. Candidatos inteligentes e criativos que dedicam tempo e interesse em apresentar detalhes com imaginação e bom gosto destacam-se entre os pretendentes ao cargo.

Um Mapa Mental certamente lhe possibilitará elaborar um CV digno de constar no *Wall Street Journal*. Ele também o ajudará a memorizar todo o seu conteúdo, facilitando-lhe assim esclarecer e mostrar, durante a entrevista, como a sua experiência corresponde às necessidades da empresa.

Dependendo da organização para a qual se candidata, você pode inclusive enviar um Mapa Mental anexo ao seu CV convencional. Um Mapa Mental colorido e bem desenhado produz uma impressão marcante em termos de apresentação. Ele seria um mapa detalhado e bem articulado de quem você é e de onde quer estar, tudo numa única página. Além disso, ele o destacaria como um pensador criativo que não receia agir de modo diferente da maioria. Toda empresa competente que pensa à frente quer ter pessoas com esse perfil.

Chegue às Manchetes

Quando Tony Dottino, da Dottino Consulting de Nova York, trabalhava para a IBM, ele era responsável pelo recrutamento de centenas de funcionários. Ele diz:

"No meu tempo de IBM, eu examinava os currículos recebidos e destacava palavras-chave. Eu queria pessoas inovadoras ou tipos criativos e cheios de energia e entusiasmo. A maioria dos candidatos, porém, elabora CVs que dão sono.

"O meu conselho a essas pessoas é que façam um Mapa Mental. Eu lhes diria: 'Vamos criar uma imagem sua como a estrela do espetáculo! O segundo passo é destacar cinco atividades que você tenha realizado que poderiam estar na primeira página do Wall Street Journal.'

"Pela minha experiência, assim procedendo, as pessoas têm 90% de chance de conseguir o emprego que desejam. De repente, elas transmitem uma mensagem totalmente diferente!"

MAPA MENTAL DO SEU CV

1 *Comece com uma imagem de você mesmo no centro. Pode ser uma fotografia, um esboço ou um desenho.*

2 *Desenhe os ramos principais com os títulos "capacidades", "experiência", "formação" e "interesses".*

3 *Aprofunde cada título traçando ramos secundários. Por exemplo, de "capacidades" você poderia derivar ramos como "dirigir", "digitar", "taquigrafia" e "inglês".*

4 *Estenda ainda mais cada ramo secundário com outros ramos. Por exemplo, em "digitar" indique a sua velocidade e em "inglês" escreva "conversação" ou "fluente". Fique com uma palavra por linha e não se enrede em detalhes. Nessa etapa, o seu objetivo é simplesmente apresentar-se com destaque.*

5 *Desenhe figuras no seu Mapa Mental. Caso você não tenha aptidões artísticas desenvolvidas e acha que o seu CV precisa de uma aparência mais profissional do que um desenho simples, você pode recorrer a um programa como "Mind Genius" para recriar o seu Mapa Mental desenhado à mão.*

Planejamento do tempo com Mapas Mentais

Uma das aplicações mais importantes dos Mapas Mentais na atividade profissional é o planejamento do tempo. Entre os problemas mais comuns nos modos de planejamento tradicionais podemos mencionar:

• Planejamento linear que disfarça a necessária estrutura geral do que você quer realizar;

• Ênfase demasiada ao curto prazo;

• Dificuldade de reconhecer as verdadeiras prioridades;

• Efeito do tipo "apaga-incêndio" – abordagem de urgências do momento em vez de temas de maior amplitude;

• Falta de coordenação, levando à omissão de elementos fundamentais ou mesmo de áreas inteiras essenciais para que o planejamento tenha sucesso.

Os Mapas Mentais podem ajudá-lo a evitar esses problemas, pois apresentam o quadro geral e assim possibilitam-lhe ter uma visão tanto a curto como a longo prazo.

Eles também fornecem um quadro integrado que inclui todos os elementos de maior e menor importância numa estrutura coordenada. Devido a essa arquitetura integrada, os Mapas Mentais também lhe facilitam tomar decisões mais apropriadas no momento de estabelecer prioridades e planejar as ações.

Além disso, por causa da sua estrutura associada e da sua lógica, o Mapa Mental identificará automaticamente todas as áreas que precisam ser incluídas no planejamento, reduzindo significativamente a probabilidade de que alguma coisa importante seja omitida.

Uma administração apropriada do tempo organiza a sua vida, dando-lhe condições de dedicar-se a atividades e compromissos prioritários. Com ela, você terá tempo suficiente durante o dia para realizar o seu trabalho *e* sentir-se tranquilo para tratar possíveis dificuldades de última hora. Assim você raramente se sentirá estressado ou prestes a entrar em pânico.

Horários

Todos parecem ter um estilo de vida agitado hoje em dia, com exigências cada vez maiores sobre o tempo, fato que pode acarretar-lhe riscos em termos de horários sobrecarregados.

Caso ocupar cada hora de cada dia, você terá de abrir mão de alguma coisa e ver-se-á *sem tempo* para interesses fora do trabalho. O cérebro produz as ideias mais criativas quando está descansado e livre de pressões; assim, se a sua agenda estiver cheia de manhã à noite com reuniões, contatos e telefonemas, com toda probabilidade você não terá ideias originais.

Em vez de enfrentar uma série de encontros, compromissos e obrigações ininterruptos, adote Mapas Mentais como recurso fundamental de administração do tempo; eles o ajudarão a organizar o seu tempo tanto num nível macro como micro – isto é, no longo e no curto prazos.

Dessa maneira, você manterá o foco nas prioridades e não terá a sensação de viver espremido e de não ter lugar para respirar.

Administração do macrotempo: Mapa Mental para um ano

Reserve algum tempo para rever os últimos 12 meses com a ajuda de um Mapa Mental; inclua os acontecimentos principais e os sucessos, tanto pessoais como profissionais. Esse é um processo elucidativo e muito interessante para obter uma avaliação proveitosa. Ele também acalma, pois lhe permite sentar-se e refletir sobre os acontecimentos do período.

Planejamento de aulas com Mapas Mentais

Tom é professor de ciências numa escola de ensino médio em Lancaster. Ele adota Mapas Mentais para avaliar o aprendizado dos alunos e planeja as aulas com base nos resultados obtidos:

"Em princípio, conheci a técnica dos Mapas Mentais muitos anos atrás. Quando comecei a trabalhar no meu segundo emprego no ano passado, resolvi tentar adotá-los como uma atividade introdutória a novos temas. A tentativa foi tão bem-sucedida que de lá para cá venho usando Mapas Mentais para ensinar alunos de 7 a 11 anos.

"Hoje, ao começar uma nova unidade, peço aos alunos que copiem o título principal do tema no centro de uma folha do caderno e que a partir dele desenhem ramos com palavras associadas para detalhar as ideias, o conhecimento e a compreensão atuais que eles têm do assunto. Elaborar um Mapa Mental é uma atividade relativamente fácil, mas desafiadora, e eu creio que eles realmente gostam de desenhá-los, e ficam ansiosos para apresentar suas ideias para toda a turma.

"Além disso, os Mapas Mentais criados pelos alunos me ajudam a ensinar com mais eficiência e eficácia: Posso formar uma boa ideia do conhecimento e compreensão prévios dos alunos sobre um tema e tenho condições de identificar possíveis conceitos errôneos. Isso significa que posso planejar as minhas aulas de acordo com as necessidades individuais de cada turma. Os Mapas Mentais facilitam o meu trabalho e me ajudam a ser um professor melhor e mais eficiente."

Economia de tempo com Mapas Mentais: a visão do especialista

Jeffrey Mayer, especialista em administração do tempo e autor de *Time Management for Dummies*, costumava anotar escrupulosamente tudo. Hoje, depois de compreender que os Mapas Mentais facilitam as associações de pensamentos e ideias, ele aderiu entusiasticamente a essa técnica notável.

Jeffrey acredita que os Mapas Mentais aumentaram a sua produtividade e os aplica a todas as atividades, desde a tomada de apontamentos em reuniões até a organização de material para publicação. Em suas próprias palavras:

"Com Mapas Mentais eu faço em minutos o que me tomava horas e às vezes até dias."

Ele estimulou seus clientes a também aprenderem a elaborar Mapas Mentais; como resultado, eles tiram maior proveito das sessões de levantamento de ideias, cumprem com mais facilidade os prazos estabelecidos e têm uma produtividade bem maior.

Terminada a revisão do ano, aproveite-a como trampolim para planejar o seu tempo para o ano seguinte.

Mapeie os seus objetivos para os próximos 12 meses – inclusive os relacionados com a saúde e o desenvolvimento pessoal, além de períodos para descanso e relaxamento. Mapeie um ano ideal, incorporando todos esses elementos. Pensando sobre o que exatamente espera do ano, você conseguirá definir a sua agenda, reservando também algum espaço para ocorrências imprevistas. Assim você não correrá o risco de sofrer um colapso nervoso e terá a satisfação de alcançar os objetivos traçados.

Com essa macroestrutura, ficará mais fácil preparar Mapas Mentais semanais e mensais com antecedência, paralelamente a projetos específicos que você sabe que virão.

Administração do microtempo: Mapa Mental para a semana

Sempre vale a pena dedicar algum tempo para fazer o Mapa Mental da semana à frente para evitar entrar em pânico com as constantes exigências impostas ao seu tempo.

Ao formar o hábito de desenhar um Mapa Mental para a semana, você também se acostumará a ver além de cada dia e o que quer alcançar naquele dia específico. A dificuldade com muitos métodos de planejamento, especialmente eletrônicos, é que eles se concentram apenas no dia em curso. Com Mapas Mentais, você pode ver o quadro geral e concentrar-se mais claramente nas suas metas de médio prazo, em vez de prestar atenção somente nas próximas oito horas.

Um Mapa Mental para a semana tem ainda a vantagem extra de incluir prioridades da sua vida fora do trabalho, e assim cuidados com a saúde, eventos importantes, aniversários e obrigações pessoais não são esquecidos no decorrer da semana.

Numa determinada semana, por exemplo, você pode ter várias coisas em mente. No caso de uma lista linear, ela poderia ser mais ou menos assim:

- Aniversário da namorada, terça-feira
- Jantar festivo, quinta-feira à noite
- Apresentação de cliente, sexta-feira de manhã
- Entrevistas para nova contratação: terça-feira à tarde, quarta-feira de manhã
- Último prazo para preparar apresentação: quinta-feira à tarde
- Buscar o gato no veterinário, segunda-feira de manhã
- Comprar cartão e presente para namorada: segunda-feira, na hora do almoço
- Dentista, quarta-feira, na hora do almoço
- Reunião do grupo, segunda-feira de manhã

Com um Mapa Mental, porém, você teria mais facilidade para harmonizar a sua vida profissional com os compromissos pessoais.

Veja o Mapa Mental colorido para colher ideias para criar o seu Mapa Mental para a semana.

Embora você possa guardar na memória que o aniversário da sua namorada é na terça-feira, caso não reserve tempo na agenda para comprar um cartão e um presente na segunda-feira, ela ficará chateada, e com toda a razão, se você aparecer de mãos vazias na data. Mas se você tiver um Mapa Mental, ele orientará a sua mente para o momento em que você precisa conjugar todas as ações. Por exemplo, sendo necessário reservar lugar num restaurante para jantar com a namorada na terça-feira à noite, o Mapa Mental exercerá o papel de estimulador mental.

Do mesmo modo, você tem prazos a cumprir ao longo da semana e tarefas diferentes exigindo a sua atenção. Com o Mapa Mental, você pode planejar a carga de trabalho para não esquecer nada. Além disso, a elaboração do seu Mapa Mental semanal o alertará para outros Mapas Mentais que você precisa desenhar, como o de perguntas que quer fazer para os candidatos na terça e na quarta-feira.

Uma boa memória ajuda o seu plano

Lembrar o que você planejou é tão importante quanto organizar o seu tempo ou um projeto. É possível que nem sempre você tenha o Mapa Mental à mão, como por exemplo numa entrevista ou numa reunião improvisada com o seu gerente no momento do cafezinho; por isso é interessante ter as informações na memória. Conhecimento gera confiança: Se você confia no que sabe, os outros terão confiança em você.

A boa notícia é que os Mapas Mentais não só o ajudam a organizar a si mesmo e aos seus pensamentos, mas também lhe facilitam muito mais lembrar-se do que você precisa saber. Isso acontece porque o ato de desenhar um Mapa Mental ajuda a melhorar a memória.

Durante muitos anos, propagou-se a falsa ideia de que a memória tem capacidade finita, à semelhança de um CD ou de um disco rí-

> ## Melhorando a memória
>
> Leia as afirmações a seguir, relacionadas com o aprendizado e a memória, e veja se elas se aplicam a você:
>
> *"Aprendo melhor se faço pelo menos uma pausa a cada hora."*
> *"Aprendo mais por meio de repetições."*
> *"Aprendo mais sobre coisas que se destacam ou são peculiares."*
> *"Aprendo menos no meio de um período de aprendizagem."*
> *"Aprendo mais no começo e no fim de períodos de aprendizagem."*
> *"Aprendo melhor quando as coisas estão interligadas."*
>
> Até que ponto essas afirmações coincidem com a sua experiência? Se refletir sobre isso, você pode ter algumas ideias sobre como melhorar o desempenho da sua memória. Pode parecer estranho, mas muitas pessoas têm um medo muito real de fazer sua memória trabalhar com mais eficiência, preferindo seguir os métodos tradicionais que conhecem desde os tempos de escola.

gido de computador. Na verdade, tudo indica que quanto mais você exercita a memória, com mais facilidade ela se lembrará.

O cérebro humano tem 100 trilhões de conexões interligando milhões de neurônios. Cada junção pode ser parte de uma memória – evidência física de que a memória potencial do cérebro humano é praticamente incalculável. A única dificuldade que você enfrenta é a de armazenar todas essas informações no lugar correto. Para compreender isso, você precisa entender que a memória se baseia em dois princípios muito simples e profundos:

IMAGINAÇÃO e ASSOCIAÇÃO

Essas são as duas pedras angulares que constituem a base dos Mapas Mentais, que se servem de uma combinação de cores, imagens, palavras individuais e ramos interligados. O uso dos métodos tradicionais de anotação desconsiderou o poder imenso desses dois princípios. Mas com a crescente compreensão de que a imaginação e a associação são também as forças motoras do sucesso em qualquer negócio, a importância dessas habilidades passou a ser cada vez mais reconhecida.

Exames para a promoção profissional

Muitas profissões ou empresas esperam que você preste exames para progredir na carreira ou obter uma melhor qualificação. A maioria das organizações espera que seus empregados revisem os conteúdos para essas provas fora do horário de expediente; por isso, é importante que você planeje bem a sua revisão e se dê a oportunidade de ser bem-sucedido.

Um problema importante relacionado com a revisão para exames é que o processo pode ser muito enfadonho, especialmente quando você está cansado depois de um longo dia de trabalho. A maioria das apostilas ou notas de revisão consiste em impressão em preto sobre um fundo branco. A falta de cores ou figuras dificulta envolver o cérebro, e assim a sua memória perde a oportunidade de se desenvolver e fica tolhida.

Os Mapas Mentais deveriam ser a sua saída fundamental para revisão e preparação de exames, pois a maneira como usam cores, imagens e ligações corresponde estreitamente aos princípios da memória da imaginação e da associação. Eles também lhe dão condições de, literalmente, revisar tudo o que você aprendeu até o momento – e numa única página, em vez de centenas de fichas individuais ou páginas de anotações.

Na prova propriamente dita, o Mapa Mental surgirá quase que magicamente na tela interna do seu cérebro, dando-lhe acesso às informações que você estudou quase como se estivesse de volta aos seus estudos com todas as informações à mão.

Está comprovado que os Mapas Mentais são o método mais eficaz de preparação para exames e provas em geral.

> ## *Evocando respostas com Mapas Mentais*
>
> A dra. Reenee Barton, psiquiatra infantil em Londres, presta exames há mais de 20 anos. Os Mapas Mentais revolucionaram a capacidade dela de lembrar fatos:
>
> *"Como médica, preciso prestar muitos exames se quero chegar a posições de mais responsabilidade, e preciso revisar os conteúdos para as provas nos intervalos de longas horas de trabalho. Os Mapas Mentais são muito úteis para consolidar a minha revisão. Sempre tive uma memória mais visual, por isso descobri que desenhar Mapas Mentais é uma maneira muito mais estimulante de estudar, especialmente quando estou cansada depois de um turno longo ou de um plantão à noite.*
>
> *"Mapas Mentais são muito mais fáceis de reproduzir e lembrar do que uma lista de fatos secos. Eles me ajudam a relembrar as informações de uma maneira não linear, o que é essencial quando preciso escrever uma redação que exige um modo de pensar criativo. Em vez de passar pela angústia de tentar recuperar fatos das profundezas da memória, posso visualizar os meus Mapas Mentais e as informações neles contidas. Até hoje fui aprovada em todos os exames de pós-graduação que prestei. Os Mapas Mentais certamente me facilitaram muito revisar fora do trabalho e progredir na minha profissão."*

A prevenção de lapsos de memória

É ótimo fazer planos, mas às vezes podemos ter lapsos de memória nos momentos mais inconvenientes. Se você esteve trabalhando muito, o seu cérebro pode esquecer as coisas mais simples.

As sugestões a seguir podem ser incluídas nos seus Mapas Mentais, facilitando assim relembrar detalhes essenciais das informações.

O efeito von Restorff

Em 1933, o psicólogo Hewig von Restorff publicou um trabalho revelando que temos muito mais probabilidade de relembrar um item numa lista quando ele se destaca. Por exemplo, dada uma lista de números com uma letra no meio, temos maior probabilidade de lembrar essa letra – simplesmente porque ela é diferente de tudo o mais que faz parte da lista. Esse fenômeno é conhecido pelo nome de efeito von Restorff.

Assim, você pode ajudar-se a lembrar-se de alguma coisa tornando-a bizarra ou ridícula. Desse modo ela se destaca e provavelmente fica em evidência na sua memória. Se você gosta de brincar e se diverte usando a memória desse modo, vai se surpreender com a quantidade de informações que conseguirá relembrar.

Figuras

Uma das maneiras mais fáceis de lembrar é por meio da visualização e de imagens. Esse procedimento ativa o cérebro direito, ajudando assim todo o cérebro a lembrar. Ele também faz com que o uso da memória seja divertido e estimulante, em vez de um teste de paciência entediante.

Figuras coloridas são muito mais fáceis de lembrar do que palavras, e você pode se lembrar de qualquer coisa associando-a a uma imagem vívida. Se o seu cérebro faz suas próprias associações, com mais facilidade ele se lembrará das coisas, pois passou pelo processo criativo de relacionar uma coisa com outra. Usando o seu cérebro criativo para tornar a associação ridícula, alegre, extravagante ou chocante, ele terá probabilidade ainda maior de lembrar-se dela.

Mnemônica e música

Outra técnica de memória tentada e testada é a mnemônica. Se você cria um poema, um ditado ou uma canção sobre as informações que quer lembrar, mais fácil será guardá-las na memória e recuperá-las quando precisar delas. Apenas pense nas centenas e milhares de canções que estão guardadas na sua memória. Alguns compassos da pauta e de repente você sabe o resto da canção, e a letra parece surgir por si mesma nos seus lábios sem nenhuma dificuldade.

É provável que você tenha aprendido o alfabeto, as cores do arco-íris e o número de dias do mês repetindo certas canções ou provérbios. Aplicando o mesmo processo para lembrar-se de dados mais complexos, você verá como a música e algumas máximas serão um atalho inteligente para ajudar a memória a relembrar.

Uma ferramenta para a vida

Com uma abordagem criativa da memória, você terá dividendos no seu posto de trabalho. Você terá informações na ponta dos dedos e será o primeiro porto de escala para clientes e colegas. Isso acontece porque os Mapas Mentais usam uma bela síntese de imaginação e associação como uma solução para:

- Planejamento;
- Pensamento criativo;
- Solução de problemas;
- Gerenciamento de projetos;
- Autogerenciamento;
- Memória.

Mapas Mentais são a ferramenta de memória ideal tanto para a sua vida como para o seu trabalho. E depois que lhe ocorrer uma ideia brilhante, uma solução ou um plano, eles o ajudam a fixá-los no seu cérebro. Em termos empresariais, Mapas Mentais têm muitos pontos de venda exclusivos.

Planejamento para o progresso

Os Mapas Mentais e o mecanismo de sucesso TEAVAS podem ser vitais para todos os aspectos de planejamento da sua vida profissional. Eles lhe dão condições de:

- Organizar o seu plano do negócio;
- Avaliar o progresso dos seus planos e identificar áreas de aperfeiçoamento;
- Elaborar e atualizar o seu *Curriculum Vitae* de maneira colorida e visualmente atraente;
- Planejar o seu tempo num nível micro e macro, de modo a não se sentir sob pressão e possibilitando-lhe estar no comando dos seus compromissos profissionais e pessoais.
- Melhorar a sua memória e antecipar-se aos fatos.

Um planejamento eficiente para o curto, médio e longo prazos é crucial para qualquer empreendimento. Quando planejar, você usará as melhores e mais exatas informações que tiver à disposição no momento. Entretanto, negócios, como todas as outras áreas da vida, estão em constante movimento e fluxo, e o que pode ser uma certeza num dia, pode ser apenas uma possibilidade distante no dia seguinte. Equipes e organizações de sucesso veem nessa constante evolução uma oportunidade para mudanças positivas e produtivas, e é para isso que dirigimos a nossa atenção no Capítulo 4.

PLANEJAMENTO PERFEITO PARA PROGRESSO ILIMITADO | 79

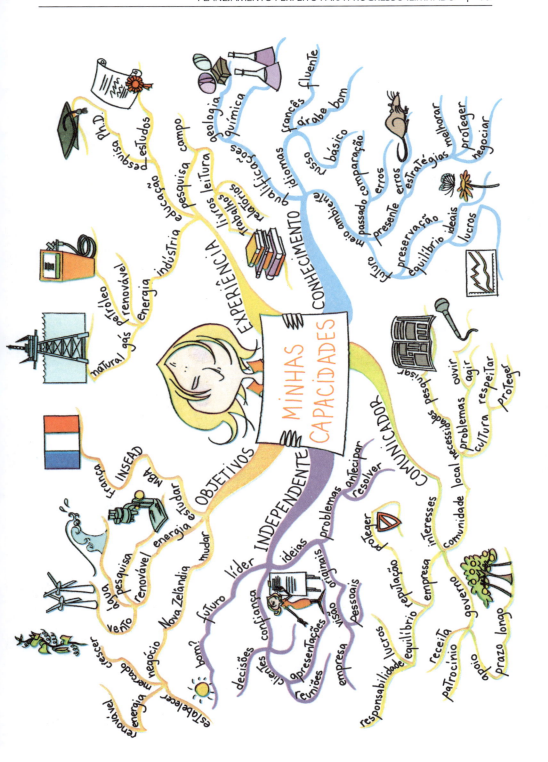

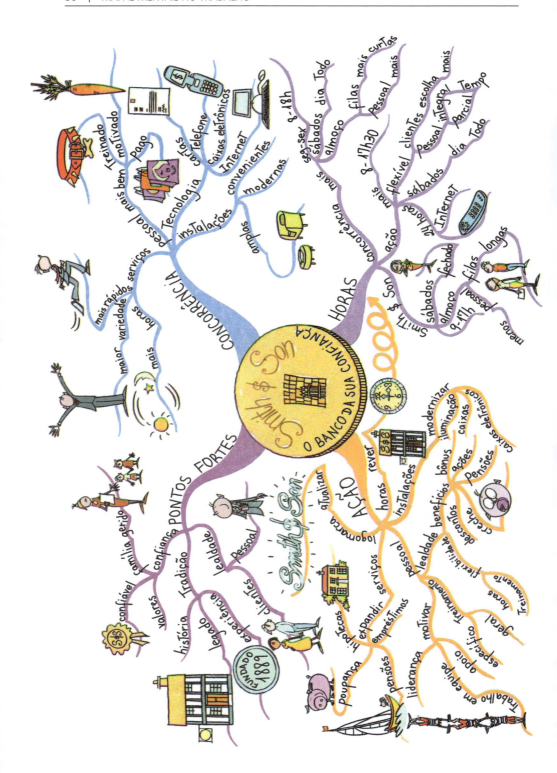

PLANEJAMENTO PERFEITO PARA PROGRESSO ILIMITADO | 81

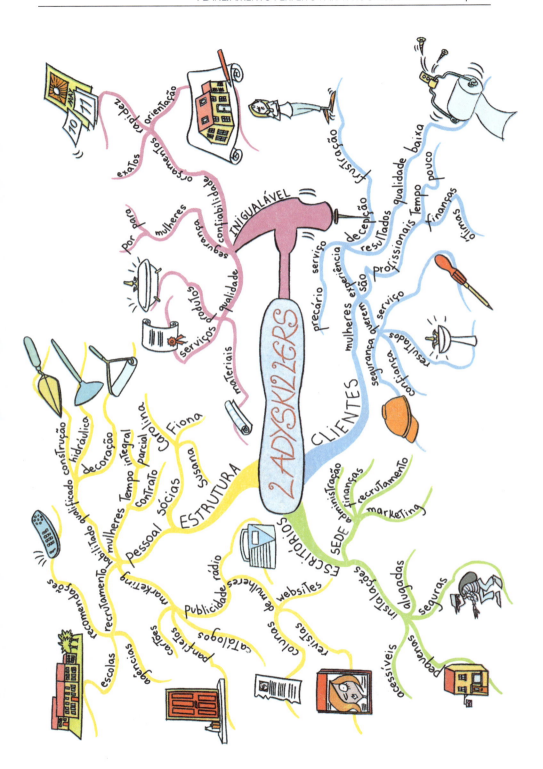

82 | MAPAS MENTAIS NO TRABALHO

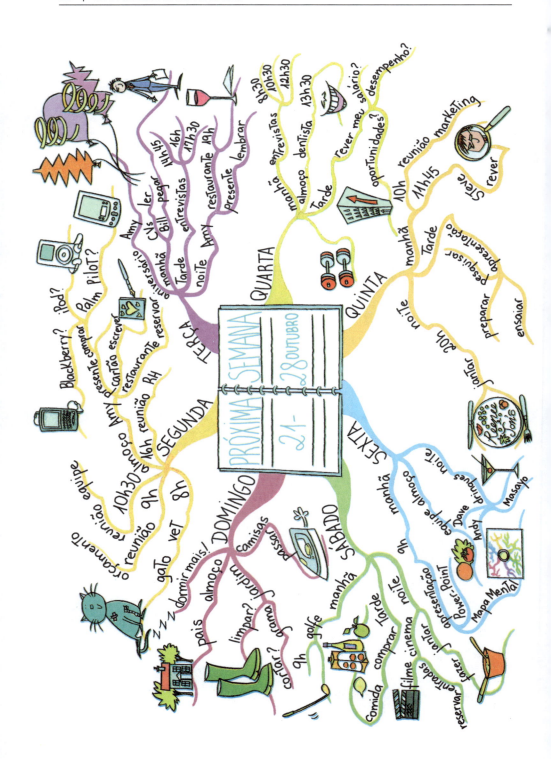

PLANEJAMENTO PERFEITO PARA PROGRESSO ILIMITADO | 83

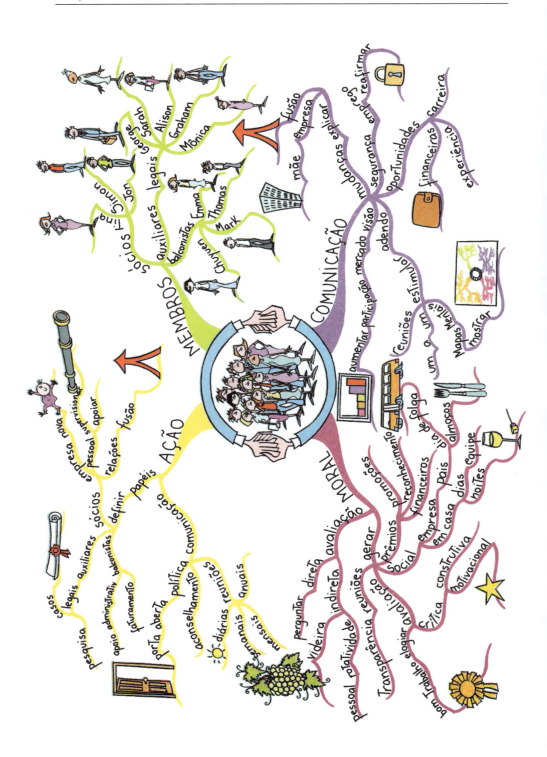

PLANEJAMENTO PERFEITO PARA PROGRESSO ILIMITADO | 85

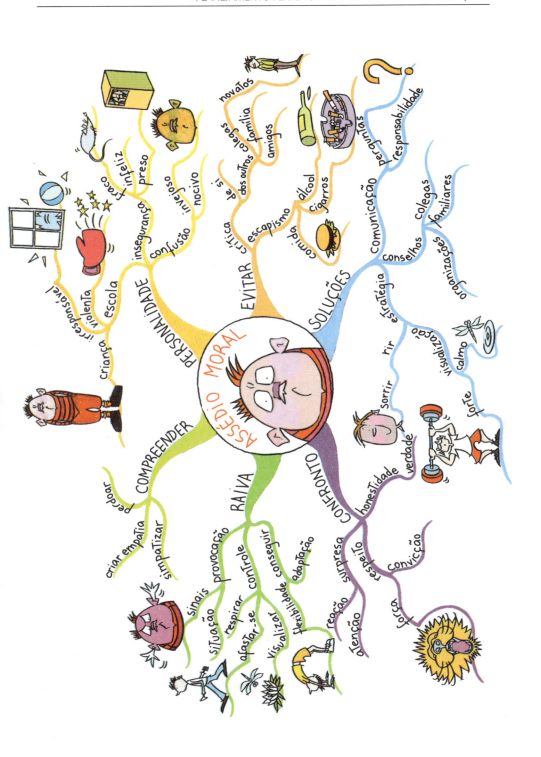

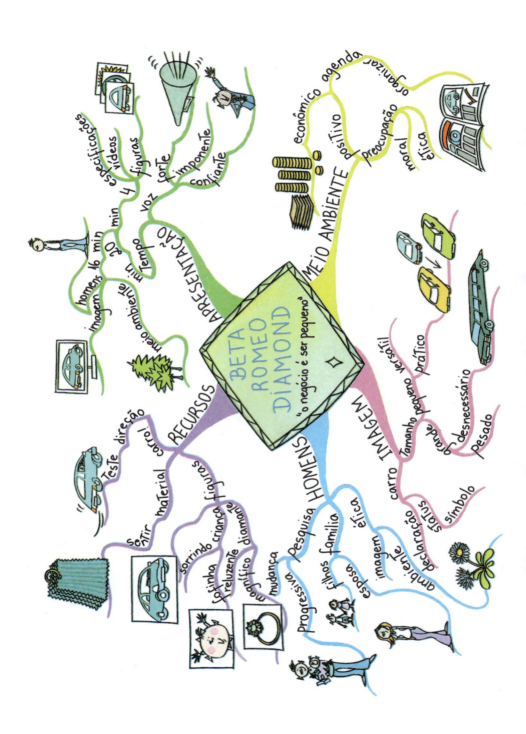

4

Acompanhando as forças da evolução

Como as condições de mercado evoluem continuamente, uma empresa e as pessoas que dela participam também precisam evoluir para poder sobreviver. Os Mapas Mentais oferecem-lhe um panorama atualizado do ponto onde você se encontra com relação à sua carreira profissional desejada e da posição que a sua organização ocupa face aos recentes avanços do mercado e da expectativa dos consumidores. Essa visão possibilitará a você e à sua empresa definirem exatamente onde estão e o que precisam fazer desse momento em diante. Além disso, os Mapas Mentais são o principal recurso para desencadear reações rápidas e eficientes à mudança, levando-o a antecipar-se aos fatos.

Bancos rumo ao sucesso

Liechtenstein Global Trust, uma grande rede bancária, teve a feliz ideia de criar uma entidade para ministrar a todos os seus funcionários cursos de desenvolvimento mental, espiritual e físico. Uma parte do programa era dedicada aos Mapas Mentais. Consequentemente, estes são usados em todos os níveis, do gerente ao caixa, de múltiplas formas e para várias finalidades, entre as quais:

- **Cadastro de clientes** – o banco mantém um Mapa Mental de todos os clientes preferenciais, contendo detalhes empresariais, profissionais, da carreira e pessoais (como os relacionados com a família e passatempos), possibilitando-lhe entender as necessidades sempre em transformação do cliente.
- **Apresentações** – tanto dentro da empresa como em reuniões internacionais. Como todos na empresa conhecem o Mapa Mental, a velocidade da transferência de informações e da aquisição de conhecimento simplesmente duplicou.
- **Solução de problemas** – apoiando-se em seu amplo conhecimento, quando há um problema para ser resolvido, cada membro da

equipe mapeia suas ideias, gerando entre duas e dez vezes mais ideias do que faria normalmente. Quando essas ideias são confrontadas numa reunião, outras novas surgem, e as melhores entre essas são pesquisadas mais a fundo, possibilitando à empresa adaptar-se ao dinâmico clima empresarial.

• **Planejamento** – um Mapa Mental da visão da empresa é elaborado a cada início de ano, abrangendo o ano inteiro. Isso significa que toda a equipe comunga da mesma visão e trabalha em prol da próxima fase evolutiva da companhia.

• **Reuniões** – Mapas Mentais são usados como agenda para reuniões, com os ramos principais representando os temas mais importantes. Isso não só ajuda a seguir a ordem sequencial dos pontos, assegurando que nada seja omitido, mas também estabelece uma ordem de significado da agenda, o que é muito animador e democrático, pois demonstra que o importante é o valor das ideias, não a posição da pessoa que dá a ideia. Esse procedimento mantém o moral do grupo elevado e, ao mesmo tempo, ajuda a empresa a reunir as melhores ideias dos seus colaboradores.

Para a LGT, a introdução de Mapas Mentais trouxe criatividade e eficiência para a empresa dentro de uma estrutura inclusiva e vibrante.

Gerenciamento da evolução no trabalho

Quando a sua empresa passa por um período de evolução, você precisa pensar rápido e manter uma atitude flexível, tomando decisões relevantes que afetarão o futuro de curto e de longo prazos numa fase em que todos estão sob pressão.

Para facilitar esse comportamento, diferentemente das técnicas de pensamento linear, os Mapas Mentais lhe dão uma visão imediata de qualquer situação que exija mudanças. Eles oferecem um panorama que gera opções para decisão e ação.

EVOLUÇÃO EM AÇÃO

Para ajudá-lo a refletir sobre os elementos que contribuem para o sucesso, pense nas pessoas e empresas que você mais admira e expresse as suas ideias num Mapa Mental.

1 *Use uma imagem central forte, como um prêmio ou celebração no trabalho que indique o sucesso dessas empresas.*

2 *Escreva os nomes de pessoas ou empresas que você admira nos ramos principais que saem da imagem central. As pessoas podem ser conhecidas ou colegas de trabalho, ou empresários que aparecem nos noticiários. As companhias que você toma como exemplos podem ser de qualquer tipo ou tamanho, desde duas pessoas trabalhando numa pequena sala até uma gigante multinacional.*

3 *Nos ramos secundários escreva as qualidades desses empresários e empresas que atraem a sua atenção. Escreva uma só palavra por ramo e use cores.*

Ao observar o seu Mapa Mental concluído, é provável que você encontre as mesmas qualidades e temas recorrentes. É possível que sejam qualidades que você deseja para si mesmo ou que sabe que não possui. Você pode também observar que essas pessoas e empresas têm outra coisa em comum – evoluíram organicamente e aparentemente sem esforço.

Flexibilidade

A flexibilidade é uma necessidade no seu arsenal empresarial; ela o impede de ficar paralisado no caminho, incapaz de avançar e emperrado numa visão ultrapassada. Com Mapas Mentais, você pode ver claramente onde a mudança é necessária e como avançar do modo mais positivo e eficiente. Se você é proativo e mantém os Mapas Mentais da sua posição atualizados, essas qualidades lhe darão condições de evoluir organicamente, com a mudança processando-se de modo gradual e progressivo, sem permanecer num estado perpétuo de administração por reação à crise.

Medo do fracasso

Muitas empresas receiam mudar porque têm medo de tentar alguma coisa nova e como consequência fracassar. Se esse for o caso, volte sempre a consultar o mecanismo TEAVAS para o sucesso (*ver* pp. 60-64). As lições aprendidas com o fracasso podem se tornar as bases do sucesso.

Você pode enfrentar alguns problemas nas primeiras etapas da sua evolução. Embora você evolua para se adaptar às condições modificadas, é inevitável que as novas circunstâncias demorem um pouco para se consolidar.

Entretanto, a alternativa para a evolução pode ser a extinção. Uma preparação para a mudança sempre reflete uma visão saudável e vital sobre a vida, inclusive a vida empresarial.

Os Mapas Mentais vão ajudá-lo a ver o quadro mais amplo e os contextos pessoal e profissional para a mudança. Eles manterão o seu cérebro ativo e alerta, ao passo que o medo do fracasso só pode restringi-lo e refreá-lo.

Acompanhando a escolha do consumidor

Os consumidores são assediados a todo momento em suas compras, desde a marca de carro a adquirir até o tipo de supermercado a frequentar e que tipo de comida comer.

Muitos fatores podem influenciar o modo como implementam suas escolhas. Por exemplo, essas escolhas podem incluir fortes apegos emocionais – "Todos em minha família compram carros da marca Volkswagen"; ou uma visão eticamente consciente – "Eu sempre compro ovos orgânicos". Embora alguns padrões de comportamento do consumidor se mantenham inabaláveis, outros estão sujeitos a mudanças frequentes. Na empresa, é essencial antecipar-se às variações nas exigências do mercado.

COMPREENDENDO A SI MESMO COMO CONSUMIDOR

Dedique algum tempo para pensar sobre o que o seu próprio comportamento como consumidor lhe diz a respeito de você mesmo e das influências que ajudam a determinar as suas escolhas. Desenhe um Mapa Mental dos produtos e serviços aos quais você se considera fiel.

1 *Você é a imagem central nesse Mapa Mental, por isso faça um desenho ou coloque uma fotografia sua no centro.*

2 *Trace os ramos principais, com uma palavra por linha, usando as maiores compras que você fez na vida, como carros, equipamentos de cozinha, eletrodomésticos e móveis. Depois pense em outras coisas com que você gasta o seu dinheiro, como férias, roupas e alimentos.*

3 *Expanda cada ramo principal com mais detalhes, traçando ramos secundários, incluindo os nomes da marca dos produtos que você adquire.*

4 *Em seguida, pense por que você escreveu esses produtos em particular. Por exemplo, no caso de "carros", se você desenhou alguns ramos secundários, cada um com diferentes marcas, pense por que você comprou esses modelos. Talvez um amigo tivesse um automóvel que você admirava de modo especial ou você fez recentemente um teste de direção com esse modelo.*

5 *Adote o mesmo procedimento para os outros ramos. Para "alimento", você pode ter exigências dietéticas ou sofrer de alergias, e por isso prefere marcas da sua confiança. Talvez você tenha fortes sentimentos com relação a produtos orgânicos e produzidos no campo. Com roupas, pode acontecer que haja certas lojas de sua preferência porque confia nos tamanhos oferecidos ou considera o estilo adequado para o seu físico.*

Reflita um pouco sobre as escolhas que mudaram ao longo dos anos. Por que elas foram substituídas e pelo quê? Elas foram repentinas ou constituíram uma alteração gradual da sua fidelidade ao longo dos anos?

Esse é um exercício muito útil para você compreender as muitas facetas da mudança da perspectiva do consumidor. A evolução pode

Preparação para a mudança

ser manifesta ou sutil, influenciada por conselhos de amigos ou da família. Ela pode também ser informada por uma percepção mais ampla de uma empresa em particular.

Preparação para a mudança

As melhores empresas estão sempre atualizadas no quesito conhecimento (*ver* "Gestão do Conhecimento", pp. 150-153) aplicável ao seu produto ou serviço. Isso inclui:

- Desenvolvimento do produto;
- Tendências do mercado;
- Conhecimento profundo da concorrência;
- Perfil do consumidor extenso/expansivo

A acumulação e a gestão do conhecimento estão na base de toda empresa de sucesso. Esses fatores capacitam as empresas a reagir com rapidez e eficiência à concorrência e à mudança. Um Mapa Mental estratégico e analítico atual do seu cliente-alvo é essencial (*ver* "Mapa Mental dos seus clientes-alvo", p. 155). À medida que a sua empresa ou o mercado muda, provavelmente você identificará outros consumidores potenciais e outras possíveis áreas de mercado.

Mudando a própria situação

Se quiser mudar a sua própria situação de trabalho, primeiro você precisa examinar-se imparcialmente e definir exatamente o que quer mudar. Por exemplo, se você "não suporta o seu trabalho", do que exatamente você não gosta nele? É a natureza da atividade, a política da empresa ou você quer mais (ou menos) responsabilidade? Ou você está procurando uma carreira totalmente diferente?

Talvez você pense que é sempre preterido nas promoções. Todos os dias, você vê colegas sendo indicados para promoção e se pergunta o que eles estão fazendo certo – e o que você está fazendo errado.

É possível que você tenha desistido, resignando-se com o fato de que nunca mais conseguirá progredir na vida.

Seja qual for o problema, é hora de esclarecer a situação. O primeiro passo para diagnosticar o seu caso é montar um Mapa Mental do seu trabalho atual e dos seus sentimentos com relação a ele.

PLANO PARA A SUA EVOLUÇÃO PESSOAL: PARTE 1

1 *Pense durante alguns minutos na sua imagem central. Ela deve refletir o seu sentimento dominante com relação ao trabalho.*

2 *Desenhe ramos principais que analisem o seu trabalho, a carga e a natureza do trabalho, a empresa e o grupo em que você está inserido.*

3 *Nos ramos secundários, acrescente detalhes: pode ser que a localização da empresa o esteja desagradando ou que um problema mais sério esteja surgindo. Por exemplo, você pode ter dúvidas sobre a sua carreira no futuro e está questionando o seu compromisso de longo prazo com ela.*

4 *Faça outras perguntas sobre o trabalho e aprofunde-as com novos ramos secundários. Codifique com cores os seus pensamentos e ideias, e use imagens. Esse é o seu plano para um futuro mais feliz, por isso vale a pena investir tempo e energia em realizá-lo bem.*

Se você mapeou a sua situação atual e resolveu que precisa agir, o passo seguinte será mapear o que você *gostaria* de fazer e basear-se nesse Mapa Mental para lançar-se a um futuro mais brilhante.

Um Mapa Mental do que você *realmente gostaria* de fazer tornará a sua intenção mais exequível. De repente o seu mundo se expande com novas possibilidades e você se sente livre da situação atual. Visualizando-se na situação desejada, você dá o primeiro passo para que ela se concretize.

PLANO PARA A SUA EVOLUÇÃO PESSOAL: PARTE 2

1 *Neste Mapa, a imagem central deve representar o que você mais espera do futuro. Ela pode espelhar um emprego em particular, uma mu-*

dança de lugar, um passatempo que você queira aprofundar, ou talvez uma família que você queira constituir. No caso da página 97, a imagem representa uma mudança para a França.

2 *Nos ramos principais, examine como você pode alcançar o que deseja: os títulos podem referir-se a temas como "treinamento", "tempo", "futuro", "dinheiro", "perspectivas", "oportunidades" e "objetivos".*

3 *Derivando desses ramos principais, desenhe ramos secundários que abordem aspectos práticos do seu processo evolutivo. (No exemplo da p. 97, que também inclui um ramo "presente" para lembrar o motivo por que uma mudança era necessária, um ramo "tempo" reflete um plano de vida simplificado para os próximos três anos; o ramo "objetivos" é exatamente isso − nesse caso representando a compra de uma casa de campo no sul da França com o objetivo de montar uma pousada e também de organizar visitas a vinhedos; o ramo "como" sugere alguns modos de concretizar os objetivos.)*

4 *Se você comparar esse Mapa Mental com outros já feitos, como os Mapas "trabalho" e "capacidades", é provável que possa colher muito mais ideias e soluções.*

Agora que você Mapeou onde quer estar e o caminho que precisa percorrer, a etapa seguinte é fazer isso acontecer. Em muitos casos, essa fase implica a procura de um emprego.

A procura de um emprego

Ao tomar a decisão de procurar um emprego, é essencial você saber não somente o que realmente quer dele, mas também o que está preparado para fazer.

Revendo os Planos para a sua Evolução Pessoal (*ver* pp. 95-96), você observa que já identificou o que não quer num emprego, o que mais deseja alcançar e que condições de trabalho são essenciais.

Por exemplo, se você tem filhos em idade escolar e quer levá-los à escola a pé todas as manhãs e buscá-los à tarde, trabalhar meio pe-

ACOMPANHANDO AS FORÇAS DA EVOLUÇÃO | 97

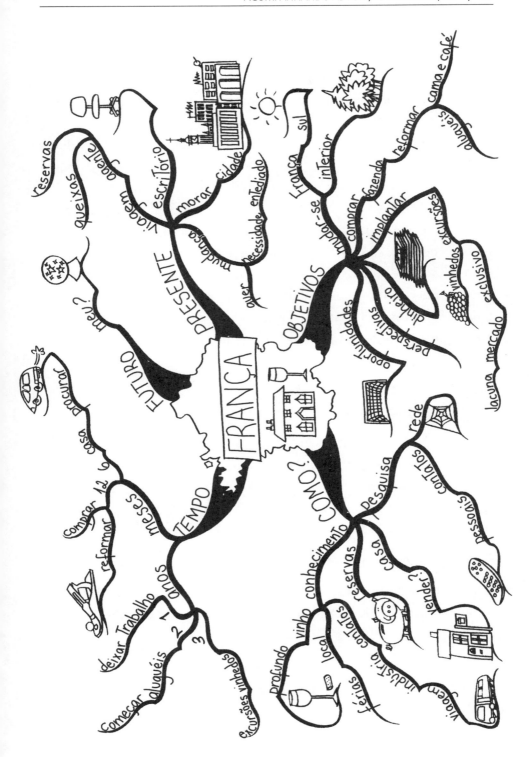

ríodo – ou pelo menos ter um horário flexível — será um requisito fundamental para qualquer emprego que você resolva aceitar. Caso decida trabalhar em casa, por conta própria, talvez seja necessário transformar uma das salas em escritório. Você precisa analisar o impacto que isso terá sobre o conjunto da residência. Por exemplo, se a opção recair sobre um quarto de hóspedes, as pessoas ainda poderão dormir nesse cômodo quando vierem para uma visita de três ou quatro dias? (*Ver* p. 221 para outros comentários a esse respeito.)

Reportando-se ao seu Mapa Mental, você poderá abordar essas questões na etapa de planejamento, o que lhe permitirá concentrar-se mais na consecução dos objetivos.

Embora você não deva transigir com relação ao seu eventual objetivo, pode ser que as circunstâncias e as necessidades o levem a alterar a *rota* para esse objetivo. Assim, seja flexível onde não há maiores consequências, mas mantenha-se firme nos aspectos importantes.

Mapas Mentais e entrevistas

Entrevistas assemelham-se a um exame oral em que você tem a oportunidade de demonstrar o seu conhecimento e destacar-se. Se encarar uma entrevista do mesmo modo que enfrenta um exame, usando Mapas Mentais para preparar-se, você adquirirá uma enorme confiança e entusiasmo (*ver* a história de Amir).

Planejamento de uma entrevista

A história a seguir demonstra claramente como Mapas Mentais podem ser a melhor maneira de preparar-se para uma entrevista de emprego.

John e seu Mapa Mental para o sucesso

John estava se candidatando para o cargo de vice-presidente numa grande empresa multinacional, com responsabilidade específica pelo setor de recursos humanos e comunicações – um emprego que ele desejava ardentemente. John era entusiasta dos Mapas Mentais e por isso, ao preparar-se para a entrevista, elaborou diversos Mapas. O primeiro foi um Mapa Mental da empresa, o segundo da atividade em si e o terceiro de perguntas da entrevista. Em seguida, ele preparou dois outros Mapas relacionados consigo mesmo – um mostrando o que ele era capaz de fazer pela empresa e o outro especificando o que a empresa podia fazer por ele.

A primeira pergunta que os entrevistadores fizeram foi: "Você poderia dizer-nos alguma coisa sobre si mesmo e por que quer este emprego?"

John não precisou de estímulo. Ele retirou os seus Mapas Mentais de uma pasta e mostrou o que podia fazer pela empresa. Apresentando um deles, disse: "Fiz um Mapa Mental para dar-lhes uma ideia mais clara de quem eu sou. Elaborei também um Mapa da empresa e da função como a vejo."

Curiosos, os entrevistadores examinaram os Mapas Mentais de John com interesse. À medida que a entrevista prosseguia, John se reportava ao seu Mapa Mental para responder cada pergunta que lhe era feita. No momento de mostrar aos entrevistadores o último Mapa, a entrevista havia se transformado numa conversa sobre Mapas Mentais. Os entrevistadores estavam ansiosos por saber mais sobre eles e perceberam a possibilidade de introduzi-los na empresa. Não é preciso dizer que John foi contratado na hora.

Pesquisando para uma entrevista

Imagine que você está se preparando para uma entrevista para o cargo de gerente no The Chiltern Hotel. Você já visitou a página do Hotel na Internet, e assim sabe onde ele se localiza, quantos quartos tem, quantas estrelas recebeu e se dispõe de instalações para funções extras, como conferências e casamentos. Veja a tabela de preços. Quanto custa uma diária? Anote os preços máximos e mínimos para um pernoite. Esses preços compensam os valores cobrados por hotéis concorrentes? Inclua todas essas informações num Mapa Mental (*ver* Mapa Mental colorido).

Em seguida, dê mais substância ao seu Mapa acrescentando-lhe outros dados antes da entrevista. Procure conversar com alguém que trabalhava no hotel – um funcionário atual poderia sentir-se constrangido e talvez não seria totalmente honesto com você. O ideal seria encontrar um ex-funcionário que saiba como o lugar está sendo administrado no momento. Ouça o que ele lhe diz, prestando especial atenção às críticas e também aos elogios; isso pode fornecer-lhe material muito útil para perguntas durante a entrevista.

O passo seguinte é ir ao hotel. Como parte da sua preparação prática para a entrevista, registre o tempo necessário para deslocar-se desde sua casa. Peça uma xícara de café na recepção. Preste atenção aos tipos de pessoas que entram e saem. Quem são os hóspedes? Eles são turistas ou homens de negócio?

Estude o corpo de funcionários. Eles são profissionais, amistosos, prestativos? Como você foi atendido? Quanto tempo você teve de esperar pelo cafezinho? Ele estava saboroso? Você teve de pedir alguma outra coisa, como leite ou açúcar? Preste atenção a esses detalhes, sempre alerta para ver se há espaço para aperfeiçoamentos em qualquer aspecto do serviço, do atendimento e da atitude.

Ao chegar em casa, acrescente essas informações no seu Mapa Mental. Esse processo o ajudará a concentrar-se totalmente no hotel em termos de pontos fortes e pontos fracos, além de ajudá-lo a compreender que posição ele ocupa no mercado e saber quais são seus concorrentes.

O seu Mapa Mental levantará questões que você desejará perguntar durante a entrevista. Ele também indicará como você pode dar algumas respostas às perguntas que possivelmente lhe serão feitas. Além disso, ele lhe será útil quanto à sua preparação prática – como prever a roupa mais apropriada para vestir no dia.

Preparando-se para a entrevista

Uma entrevista é um procedimento e, assim como um exame, depois de passar por várias, você se habitua ao que os entrevistadores esperam de você e fica mais descontraído ao submeter-se a elas. Você também se dá conta de que por mais variadas que sejam as formas que assumam, as entrevistas reúnem apenas umas poucas perguntas que provavelmente lhe serão feitas, as cinco básicas sendo:

- *"Por que você está se apresentando para esta entrevista?"*
- *"O que você pode fazer pela empresa?"*
- *"Que tipo de pessoa você é?"*
- *"O que é peculiar em você que o recomenda para essa função?"*
- *"Quanto você pretende ganhar?"*

Outras cinco perguntas também poderão ser feitas:

- *"Onde você gostaria de estar daqui a cinco anos?"*
- *"Quais são os seus pontos fortes e fracos?"*
- *"Como você se descreveria?"*
- *"Por que saiu do último emprego?"*
- *"O que você sabe a respeito da nossa empresa?"*

É com essa última pergunta que o seu Mapa Mental previamente preparado pode entrar em cena, pois ele lhe permite mostrar como você se insere no quadro geral. As informações que você reuniu podem ajudar a criar dois outros Mapas Mentais preparatórios:

MAPA MENTAL 1 – O QUE VOCÊ PODE FAZER PELA EMPRESA

1 *Faça uma representação de você mesmo como imagem central.*

2 *Com uma única palavra, escreva em ramos curvos as principais qualidades que você levaria para o trabalho.*

3 *Aprofunde cada uma dessas qualidades traçando ramos secundários que expressem como elas teriam utilidade prática para a empresa.*

4 *Use imagens e cores para destacar áreas específicas.*

MAPA MENTAL 2 – O QUE A EMPRESA PODE FAZER POR VOCÊ

1 *Desenhe no centro uma imagem que represente a empresa. A imagem deve ser relevante para o emprego a que você está se candidatando e condizente com ele. Por exemplo, se a vaga é para professor numa escola, você poderia desenhar uma lousa.*

2 *Desenhe ramos principais a partir da imagem central, mostrando como o emprego pode beneficiar sua vida. Aborde primeiro o conteúdo do trabalho e depois o ambiente em que ele será desenvolvido. Em seguida, pense no quadro geral, levando em consideração benefícios específicos ou condições de trabalho flexíveis que lhe sejam especialmente atraentes.*

3 *Em ramos secundários, expresse os seus sentimentos com relação a todos os aspectos do emprego em questão. Se tiver alguma dúvida ou pergunta sobre a tarefa, inclua-as no Mapa.*

4 *Use imagens e cores que o ajudem a concentrar-se em áreas específicas.*

Reveja os dois Mapas frequentemente antes da entrevista. Talvez você perceba a necessidade de expandir alguns ramos nessa fase de preparação. Com esses Mapas Mentais, você está realmente prevenindo-se para não perder o controle na entrevista. O maior medo em torno das entrevistas de emprego é ficar nervoso e não conseguir responder a uma pergunta que você não compreende imediatamente. Afetado por sentimentos de inadequação, você acha que não é capaz de dar uma resposta apropriada.

Se preparou Mapas Mentais para abarcar todas as possíveis perguntas na entrevista, você terá um instrumento valiosíssimo que o ajudará a imaginar-se na situação da entrevista. Você também terá o quadro mais amplo na ponta dos dedos, conforme representado pelo seu Mapa Mental de pesquisa. Se fizer isso logo antes da entrevista, você terá confiança de que está preparado para qualquer pergunta. Você se sentirá fortalecido e capaz de manter-se tranquilo enquanto relembra os seus Mapas Mentais de preparação durante toda a entrevista.

Entrevistando o seu entrevistador

Lembre-se de entrevistar o seu entrevistador na mesma proporção em que você é entrevistado. Você precisa estar seguro de que esse emprego é o certo para você tanto quanto a empresa precisa descobrir se você é a pessoa certa para ela. Quando você está mapeando as suas perguntas como parte da sua preparação, tenha o cuidado de fazer perguntas a respeito de pontos específicos, como sobre o treinamento que você espera receber, as perspectivas de promoção que existem na empresa e o período de descanso e benefícios a que teria direito. Você precisa obter todas as informações possíveis na entrevista para poder decidir se esse trabalho é o certo para você.

Da mesma maneira que seria um erro comprometer-se seriamente na sua vida pessoal com alguém que não seria a pessoa certa para você e cujas ideias e prioridades de vida fossem muito diferentes das suas, aplique o mesmo critério à empresa a que você se dirige para uma entrevista.

Ao chegar para a entrevista, procure captar todos os sinais relacionados com a cultura e os valores da empresa. Observe como as pessoas interagem umas com as outras. A atmosfera é de cordialidade e alegria ou mais de frieza e seriedade? Observe como as pessoas se vestem e se existem normas claras sobre o modo de vestir-se. De modo geral, com base nos indícios que conseguiu captar, veja se você se sente fazendo parte dessa organização.

Apresentando-se

Naturalmente, todo o seu esforço será desperdiçado se você chegar para a entrevista bem preparado, mas se apresentar de modo inadequado. Os seus Mapas Mentais devem dar-lhe todas as indicações necessárias para a ocasião.

APARÊNCIA

O modo de apresentar-se numa entrevista é crucial. Você pode ter passado uma semana ensaiando as respostas, mas se entrar na sala vestindo uma roupa desgastada, a impressão que os entrevistadores terão é que você não se preocupa o suficiente com o emprego para fazer qualquer espécie de esforço. Lembre-se de incluir a aparência no seu Mapa Mental preparatório, de modo a apresentar-se com o seu melhor visual e assim provocar a admiração dos entrevistadores com o esforço feito. Desse modo, num sentido puramente prático, o seu Mapa Mental não o deixará esquecer, lembrando-lhe que os sapatos precisam ser lustrados ou que o cabelo deve estar aparado.

LINGUAGEM CORPORAL

A sua linguagem corporal também diz muita coisa a seu respeito: o modo como você entra na sala, como troca um aperto de mãos, como cruza as pernas e a postura que assume. Verifique tudo sobre a sua linguagem corporal antes da entrevista. Pergunte aos seus amigos e familiares se você tem algum hábito perceptível de que esteja inconsciente, como inclinar a cabeça ou ficar girando um anel ou aliança num dos dedos. Se houver alguma coisa desse tipo de que você precisa se lembrar, escreva-a no Mapa Mental, inclusive acrescentando uma imagem para reforçar a mensagem.

LINGUAGEM VERBAL

Pense no modo como você usa a linguagem verbal e o que ela diz a seu respeito. Você não passará uma boa impressão se vive se justificando ("Não pude fazer isso porque não tive tempo") ou se defendendo no seu modo de falar ("Não cabia a mim, não era responsabilidade minha"). É recomendável mostrar que você é positivo, e não negativo, diante das adversidades.

Os seus empregadores querem uma atitude positiva e proativa. Eles querem pessoas que encontrem soluções para eles, e não que recorram a terceiros que façam isso por elas. Por meio da escolha da linguagem, você precisa comunicar que está motivado, que se empenha em buscar soluções e que é uma pessoa de convívio agradável. Seja objetivo no uso da linguagem – e diga o que realmente quer dizer.

As empresas também querem pessoas leais. Embora o conceito de emprego para toda a vida esteja se tornando rapidamente arcaico, ainda compensa demonstrar lealdade. Se você deixou o emprego anterior porque considerava o seu chefe um paspalhão e não suportava mais receber ordens, evite falar sobre isso. Se revelar muito rapidamente a sua deslealdade com relação ao seu patrão anterior, o seu futuro patrão perceberá que não tem garantia nenhuma de que você não fará a mesma coisa com ele. É bem melhor dizer que você estava em busca de novos desafios.

De qualquer modo, vale a pena controlar os sentimentos negativos e mostrar que você é profissional.

Se você se preparou adequadamente com Mapas Mentais, você terá um recurso precioso para ajudá-lo a enfrentar com confiança qualquer entrevista.

MAPA MENTAL PARA UM REAJUSTE SALARIAL

Muitos empregados, receosos, evitam pedir um aumento de salário, mesmo quando merecem. O salário é um dos componentes do seu progresso; por isso, se você acredita que o seu desempenho merece um reajuste, tome confiança e dirija-se ao seu gerente. Os Mapas Mentais podem ajudá-lo a planejar a sua estratégia de ação.

106 | MAPAS MENTAIS NO TRABALHO

1 *Desenhe a imagem central: muito simplesmente, desenhe algumas moedas ou, em cores, um pote de ouro no fim de um arco-íris. Deve ser uma imagem que o motive e lhe inspire confiança. É essa imagem que deve predominar em sua mente durante a conversa com o gerente.*

2 *Comece os ramos principais com "funções", sintetizando a sua descrição do cargo; deles devem constar também as responsabilidades extras que você assumiu desde que iniciou as atividades. Pormenorize essas responsabilidades em ramos secundários, demonstrando claramente como a sua carga de trabalho aumentou e se desenvolveu.*

3 *Reserve outro ramo para as "realizações" ou o "sucesso" que você obteve no desempenho da função. Relacione aqui casos em que deparou com desafios específicos, concluiu determinados projetos ou ofereceu contribuições positivas para a empresa.*

4 *Em seguida, descreva como você vê o seu "futuro" na empresa. Suas realizações demonstrarão claramente seus pontos fortes e suas habilidades; indique aqui como gostaria de desenvolver esses aspectos ainda mais, mostrando que esse aperfeiçoamento seria benéfico para a empresa.*

5 *Por fim, considere o seu "valor" para a empresa. Inclua não apenas as suas realizações passadas, mas também o seu valor potencial futuro, levando em conta os seus antecedentes, mais as suas habilidades, conhecimento e experiência acumulados. Você pode inclusive inserir uma figura nos aspectos em que agora acredita ser um "valor"; como alternativa, você pode considerar quem na empresa tem um papel e experiência comparáveis aos seus. Destacando no seu Mapa Mental todos os motivos que o levam a acreditar que você merece um aumento salarial, o seu gerente terá de pelo menos pensar na possibilidade de concedê-lo.*

É inútil resistir

Ser rígido e resistente à evolução é uma indicação de que a sua vida profissional será rotineira, desinteressante e até insatisfatória.

Inversamente, ao aderir a um processo de evolução, por mais doloroso e exaustivo que ele possa ser no momento, você terá a sensação de que avançou, desenvolveu-se, adquiriu mais experiência de vida e aprendeu alguma coisa sobre si mesmo.

Quer se trate de uma mudança pessoal ou de uma mudança fundamental dentro de uma estrutura corporativa, o processo de evolução é positivo pelo que ele produz nas pessoas. Os integrantes do grupo passam a ter uma atitude mais flexível, as empresas aprendem a ouvir seus clientes e os ambientes se tornam arejados e renovados.

Evolução empresarial

As empresas mudam rapidamente. As decisões empresariais são tomadas depressa e a direção espera que todos os colaboradores as adotem.

Os Mapas Mentais são o melhor modo que as empresas têm para comunicar ao seu pessoal as mudanças em andamento e as razões que as justificam.

Encarando a mudança

1 Em primeiro lugar, você precisa identificar exatamente como e em que aspectos a empresa precisa mudar. Examine os seus objetivos empresariais com um Mapa Mental. Assim você terá condições de ver o quadro geral e definir exatamente onde a mudança é necessária e o que precisa mudar.

2 Comunique as mudanças a toda a empresa apoiando-se nesse Mapa Mental, para que todos os seus colaboradores compreendam como a mudança pode afetar suas funções individuais e sua relação com os colegas.

3 Adote o Mapa Mental como ponto de referência para a criatividade entre todos os colaboradores, incentivando-os a apresentar sugestões para promover a mudança e torná-la mais produtiva e eficiente.

Mapas Mentais para fusões

A história empresarial recente está repleta de exemplos de fusões que pareciam fantásticas em teoria, mas se mostraram catastróficas na prática – em geral porque embora os motivos do negócio fossem bons, subestimou-se o fato de que toda empresa é uma comunidade com uma cultura específica muito preciosa para as pessoas que nela trabalham.

Fusão é a constituição de uma nova cultura a partir de duas culturas existentes, por isso é essencial que ambas as partes tenham consciência tanto dos pontos fortes e fracos próprios como dos da outra parte. Os Mapas Mentais são um dos principais recursos para analisar as culturas das duas entidades e para definir uma nova cultura comum. Eles ajudam a entender os matizes da situação e a eliminar possíveis inconsistências, contradições e imperfeições. Assim, as partes envolvidas ficam cientes de que participam de uma nova visão mútua e de que não existem segundas intenções. A essência de fusões bemsucedidas é a integração, não a *des*-integração, que é um sintoma de apego a uma visão que passou do prazo de validade.

1 Mapeie os dois negócios em Mapas Mentais diferentes.

> i) A imagem central deve refletir a sua percepção das empresas. Com um nome forte, essa imagem pode ser um logotipo ou o produto fabricado. Ou pode refletir uma qualidade positiva dessa empresa. Escreva o nome da empresa junto à imagem;
>
> ii) Os ramos principais abordarão aspectos como pessoal, localização, clientes, especialidade e lucratividade (você pode adotar o modelo para elaborar planos de negócios descrito no Capítulo 3; *ver* pp. 57-58);
>
> iii) Os ramos secundários expõem detalhes específicos de cada área do negócio.

2 Em seguida, examine os pontos fortes e os pontos fracos de cada empresa.

3 Crie um novo Mapa Mental que represente os pontos fortes de cada empresa e destaque os possíveis pontos fracos. O uso de cores

pode ser especialmente útil aqui. (Não deixe que personalidades ou egos fortes interfiram nesse processo ou assumam o controle. Este é um exercício de sensibilidade e não trata de definir se uma empresa é maior ou melhor do que a outra. Também não é questão de concluir qual delas dispõe de um corpo administrativo mais dinâmico. Uma participação cooperativa e uma atividade harmoniosa no momento de criar esses Mapas Mentais estabelecerá o tom para o futuro da fusão que acaba de ser feita.)

Concluída a fusão, os Mapas Mentais, como a materialização de uma concepção comum, podem então ajudar a implantar a nova cultura e a estabelecer hábitos benéficos de comportamento.

Responsabilidade Social das Empresas

As empresas se sentem hoje cada vez mais pressionadas a se mostrar solidárias e a agir com responsabilidade e dedicação na comunidade. Essa atitude é conhecida como Responsabilidade Social das Empresas.

Nos dias atuais, os consumidores querem saber se a empresa onde deixam seu dinheiro tem uma face voltada para o social e oferece algo em retribuição à comunidade e aos mais carentes – segundo uma pesquisa, 72% do público acredita que a indústria e o comércio não dão a devida atenção às comunidades em que estão inseridas. Esse é um dado estatístico que pode abrir a porta para o futuro da sua empresa.

Sem dúvida, ser vista como uma empresa que assume a sua responsabilidade social é uma demonstração de boas relações públicas. Num nível mais fundamental, porém, quando as pessoas veem que a empresa se interessa pela comunidade em que atua, e está realmente inserida nela, desenvolve-se um relacionamento mais íntimo e leal entre empresa, funcionários e clientes. Isso só pode ter efeitos positivos sobre a eficiência e a lucratividade.

Com isso em mente, seria de grande proveito efetuar uma avaliação da atitude da sua empresa com relação à responsabilidade social, e também examinar o grau de eficácia da comunicação desse aspecto à sociedade em geral. O Mapa Mental a seguir irá ajudá-lo a dar o primeiro passo nessa direção.

DINAMIZAÇÃO DO SEU PERFIL SOCIAL

1 *Desenhe um Mapa Mental com a sua empresa como imagem central.*

2 *A partir dessa imagem central desenhe ramos principais que reflitam as maneiras como a sua empresa demonstra preocupação com a comunidade em que opera. Identifique esses ramos com palavras como "eventos", "reciclagem", "patrocínio", "caridade" e "comunidade".*

3 *Desdobre os temas dos ramos principais em ramos secundários. Por exemplo, ao ramo "reciclagem", acrescente a reciclagem de papel, papelão, latas, vidro, embalagens e baterias. Em "eventos", você pode mencionar um projeto de plantação de árvores ou de visitas de escolas locais à empresa.*

Em 2002-3, as 100 maiores empresas do Reino Unido repassaram 0,8% do lucro bruto para causas sociais. Em termos monetários, o total estimado chegou a £800 milhões – quase 2½ vezes o total distribuído em 2000-1. O governo do Reino Unido reconheceu essa expansão e, em decorrência, criou uma entidade voltada à Responsabilidade Social das Empresas para promover bons negócios.

As empresas que se preocupam com o panorama mais amplo e contribuem ativamente para a comunidade beneficiam tanto as comunidades como a si próprias.

Um relatório da The Work Foundation e do The Virtuous Circle descobriu que as empresas que colocavam a Responsabilidade Social no centro da sua estratégia empresarial chegavam a um desempenho até 40% superior a outras empresas.

O panorama mais amplo

A visão de curto prazo que se concentra apenas no próximo balanço de resultados financeiros está começando a mudar. Escândalos financeiros em algumas das maiores empresas americanas levaram a um apelo por maior transparência e responsabilidade tanto para acionistas como para consumidores. E é preciso mais para impressionar acionistas e possíveis consumidores do que ser fotografado passando um cheque para caridade. Números significativos de investidores prestam atenção hoje ao histórico operacional das empresas e em muitas circunstâncias o peso da opinião pública exigiu mudanças em políticas empresariais.

Cursos de MBA nos Estados Unidos incluem atualmente temas como sustentabilidade e ecologia – introduzidos por exigência dos alunos. Executivos mais jovens cresceram envolvidos com questões importantes como aquecimento global e estão ansiosos para abraçar essas causas na vida profissional. Empresas e líderes inteligentes são os que aderem à Responsabilidade Social das Empresas e não têm medo de aceitar a necessidade de mudar a sua maneira de trabalhar.

A questão da marca

"Marca" é um termo muito usado em reuniões, mas em geral as pessoas não entendem bem o que uma marca representa. Evidentemente, trata-se de muito mais do que o logotipo de uma empresa impresso num cartão de visita ou num cabeçalho. A marca cria uma associação emocional entre o consumidor e o produto ou serviço. Essa associação emocional pode constituir o fator que estimula o consumidor a comprar o produto. Além disso, a marca pode significar a relação entre a empresa, seu corpo de funcionários e a comunidade em que ela opera. Uma marca pode exercer um impacto significativo sobre o preço das ações de uma empresa e também influenciar o balanço geral.

Para ser bem-sucedida, uma empresa precisa de visão, e a marca é um modo extraordinário de consolidar essa visão na mente. Os Mapas Mentais são a solução ideal para se concentrar numa marca e defini-la. Quando todos os integrantes de uma equipe mapeiam o que acreditam que deva ser a visão, no momento em que reúnem as ideias individuais num Mapa Mental comum, com toda a probabilidade surgirá uma marca forte abrangendo todas as suas aspirações e impressões positivas sobre o que eles fazem ou fornecem. Desse modo, a marca se torna um ícone, e tanto os membros do grupo quanto os consumidores compreendem perfeitamente o que ela representa.

CONSCIÊNCIA DA MARCA

Para compreender a força da marca, pense em alguma marca a que você seja fiel e faça o Mapa Mental dela. Por exemplo, se você só bebe um determinado suco de laranja, faça o Mapa desse suco:

1 *Desenhe o produto no centro do Mapa Mental.*

2 *Crie ramos principais com títulos como "embalagem", "saúde", "conveniência", "frescor" e "hábito".*

3 *Explore cada tema com ramos secundários. Em "saúde", por exemplo, talvez você beba um copo desse suco por dia porque sabe que ele lhe fornece vitamina C e assim o protege de resfriados. É possível que você tenha recebido essa informação sobre vitamina C do próprio produto ainda quando era criança. Nesse caso, muito provavelmente foi naquela época que você criou um laço emocional com esse suco – e isso explica a lealdade que tem por ele atualmente.*

MUDANÇAS PROMOVIDAS COM MAPAS MENTAIS: A HISTÓRIA DE DUAS LOJAS VAREJISTAS

Imagine que Dreamworld seja uma cadeia de lojas situadas na avenida principal sempre com boas ofertas. Ela opera no comércio há 30 anos, está preocupada com sua posição histórica no mercado e gosta de pensar que oferece produtos testados e aprovados. A Dreamworld tem medo de correr riscos. Ela não acredita que possa fazer alguma coisa melhor ou aprimorar-se de alguma maneira, e assim acomoda-se e engana obstinadamente a si mesma imaginando que está pondo em prática o seu potencial.

Novo visual da Apple

A Apple é uma marca ícone que está construída em torno de grandes ideias e que se reinventa continuamente. Ela sabe que a Microsoft estará sempre na vanguarda no que diz respeito a computadores pessoais, e assim a vantagem competitiva da Apple está na concepção da forma, no *design*. A marca produziu alguns equipamentos de tanta beleza que, em termos de apelo estético apenas, ofusca em muito a Microsoft.

Uma história pouco conhecida sobre a Apple refere-se ao homem a quem foi atribuída a missão de introduzir a empresa no mercado internacional. John Scully era CEO da Pepsi quando visitou o então jovem e próspero Vale do Silício. Quando o encontrei, ele me disse com entusiasmo que havia visitado os vários setores e ficara absolutamente fascinado com as telas de computadores. Ele disse que tudo o que vira eram linhas e linhas de fileiras e fileiras de telas com linhas e mais linhas e fileiras e mais fileiras de palavras e números. É claro, ele não entendeu nada.

Essa visita e observação tiveram um significado especial, porque a formação de John girara em torno de arte e *design*. Ela sabia da importância da imagem, da cor e da associação. Foi essa experiência – combinando a monotonia de todas as telas com a sua própria formação em arte – que o convenceu a trabalhar com uma nova empresa para fabricar telas que eram muito mais adequadas ao cérebro. Essa decisão deu origem à jovem gigante em que a Apple se transformou sob a direção de John. A principal técnica de anotação de John? Ele é um entusiasta dos Mapas Mentais.

Shopping Paradise é uma cadeia de lojas na avenida principal que vende produtos semelhantes, a preços equivalentes, ao mesmo mercado-alvo que a Dreamworld. Ela foi criada há cinco anos apenas, mas está determinada a aproveitar todo o seu potencial, abocanhando a maior fa-

tia do mercado que lhe seja possível. A empresa utiliza a imaginação coletiva do seu pessoal para incentivá-lo a prosperar, e a cultura estimula um ambiente em que novas ideias são acatadas. A Shopping Paradise não receia correr riscos e vive em estado de desenvolvimento constante.

A diferença entre a Dreamworld e a Shopping Paradise é a evolução. Embora ninguém sugeriria que a Dreamworld deveria passar por uma mudança drástica ou arriscada, ela poderia examinar o que está oferecendo atualmente aos seus clientes – e então tentar um desempenho melhor. Grupos de discussão voltados para esse tema e consultas a consumidores poderiam oferecer uma ideia de onde a empresa se encontra aqui e agora, mas caberá a ela decidir como dar alguns passos. (O mecanismo de sucesso TEAVAS seria de grande utilidade aqui – ver pp. 60-64.)

Dois Mapas Mentais ajudariam a Dreamworld. O primeiro poderia mostrar como a empresa está no momento. Num exercício de grupo, todos os funcionários da empresa se reuniriam e discutiriam sobre os dados dispostos no Mapa:

- O que a Dreamworld faz bem?
- Quais são suas características como empregadora?
- Ela leva o treinamento suficientemente a sério?
- Do ponto de vista do consumidor, suas promoções influenciam os clientes?

Inevitavelmente, uma análise mais profunda da situação em que uma empresa se encontra evidenciará áreas que precisam de atenção, e essas precisam ser incluídas no Mapa.

O segundo Mapa Mental abordará a Dreamworld no futuro:

- O que a empresa precisa fazer para estar um passo adiante da concorrência – e, especificamente, da Shopping Paradise?
- Qual é a diferença para o cliente entre comprar numa loja e noutra?

A Dreamworld tem uma enorme vantagem por operar apoiada sobre uma tradição de 30 longos anos. Por isso, ela precisa aprender da concorrência, em vez de se sentir ameaçada por ela; em outras palavras, inovar em vez de ficar na defensiva.

Reinvenção de uma marca

As empresas precisam avançar continuamente, evoluir em resposta às condições em constante mudança. Atitudes e procedimentos que há poucos anos eram eficientes e inovadores podem em pouco tempo tornar-se obsoletos e ultrapassados. Conquanto a visão central por trás de uma marca possa permanecer, as maneiras de alcançar esse objetivo podem mudar.

Ao comparar marcas regularmente por meio dos Mapas Mentais, é possível observar se os seus pontos fortes anteriormente em evidência continuam resistentes como eram ou se os acontecimentos estão retardando o seu progresso. Se fizer avaliações constantes e ajustar-se à concorrência e ao mercado, você conseguirá acompanhar a evolução dos tempos.

No entanto, pode chegar um momento em que se faz necessária uma reavaliação mais profunda e você precisa reinventar a sua marca. Para isso, será útil mapear a sua marca e as marcas da concorrência (*ver* exemplo na página oposta), observando os seus pontos fortes e fracos relacionados com aspectos como preço, esquemas de lealdade, variedade de produtos, recursos humanos e localização do negócio. Em seguida, você precisará reafirmar os seus objetivos, em alguns casos redefinindo-os à luz de circunstâncias modificadas. Pode ser que novos produtos devam ser desenvolvidos, receitas aumentadas ou instalações modernizadas. No caso da Black's Pharmacy exposto na página 117, esses objetivos são aumentar o movimento em 24%, para modernizar instalações deterioradas, instalar uma clínica local para oferecer tratamentos complementares e usar esse serviço para fazer parceria com um centro cirúrgico próximo. Por fim, um plano de ação precisa ser traçado prevendo como os novos objetivos serão alcançados. A Black's Pharmacy pretende conseguir isso transformando suas instalações, aprimorando o treinamento do pessoal, contratando profissionais para sua clínica e implantando um programa permanente de pesquisas.

Uma empresa deve sempre visar a envolver todo o seu pessoal no processo de mudança, pois desse modo o número de ideias criativas será maximizado. Além disso, todos terão e incorporarão sua visão renovada para o futuro.

Tecnologia e Mudança

A tecnologia é frequentemente citada como a causa da atual velocidade das mudanças no mundo empresarial. Na realidade, porém, é a capacidade das pessoas de acolher a mudança e o progresso que é o principal catalisador do avanço tecnológico. Uma prova clara disso foi a utilização da energia a vapor, adaptando-a a todos os objetivos concebíveis, durante a Revolução Industrial. De modo semelhante, o desenvolvimento da tecnologia da informação abriu largos caminhos de possíveis inovações. Mas nem bem uma necessidade tecnológica é satisfeita, outra já surge. Esse constante ciclo de inovação e demanda é uma demonstração evidente da evolução em ação.

Um tempo significativo da vida empresarial moderna é empregado imaginando modos como a tecnologia pode ajudar o cérebro a tornar tarefas diárias mais aprazíveis e econômicas. O efeito disso é proporcionar mais tempo e recursos para concentrar-se nos consumidores.

Empresas de sucesso são aquelas que dão a seus clientes condições de avaliá-las – e de se sentirem à vontade fazendo isso. Essa é uma relação das mais louváveis, pois os clientes não gostam de receber imposições, preferindo sentir-se no comando da situação; de sua parte, a empresa recebe um retorno valioso sobre os desejos reais do cliente. Ao satisfazer essas exigências pela modificação de alguns aspectos da estratégia da empresa, fortalece-se uma relação que é benéfica para ambas as partes.

Os cartões de fidelidade sofisticaram-se muito com o passar do tempo e os avanços tecnológicos possibilitam hoje o desenvolvimento de perfis do consumidor altamente detalhados. Novamente, isso é

ACOMPANHANDO AS FORÇAS DA EVOLUÇÃO | 117

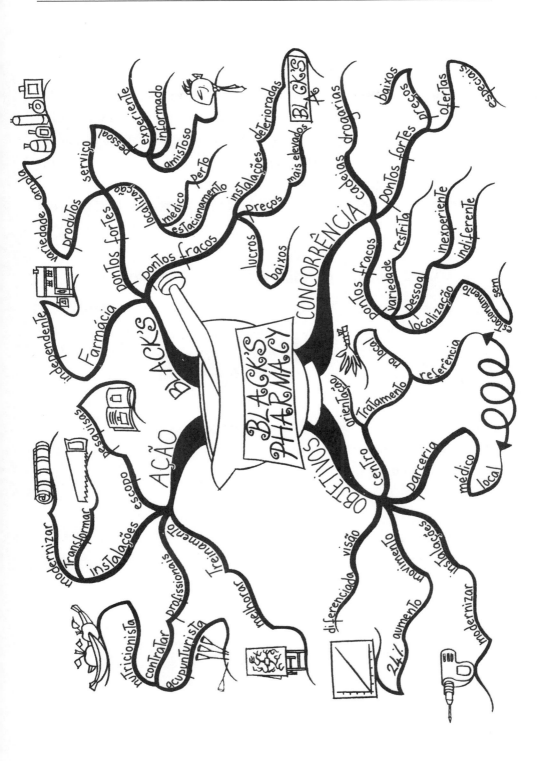

mutuamente benéfico, com a empresa ciente das exigências do consumidor e tendo condições de orientar-se para suas necessidades básicas com ofertas e promoções especiais.

A Internet também mudou os padrões de negócios devido às facilidades oferecidas ao consumidor. Ao comprar online, uma pessoa pode consultar centenas de páginas e produtos antes de tomar uma decisão, como se estivesse visitando muitas lojas, só que instalado confortavelmente em casa. Entretanto, o consumidor ainda tem a opção de sair para comprar, e assim a influência da Internet se faz sentir em todo o mercado.

AUTONOMIA AO CONSUMIDOR POR MEIO DA MUDANÇA

É fundamental fazer um Mapa Mental de como a sua empresa pode criar a sensação de autonomia ao consumidor. O que segue é uma sugestão de um modo de fazer isso, mas cabe a você ajustá-lo às suas necessidades particulares. Como de hábito, é recomendável que toda a sua equipe contribua com ideias.

1 Desenhe uma imagem da sua empresa no centro.
2 Nos ramos principais, escreva:
   a) esquemas de lealdade,
   b) recompensas,
   c) serviço ao consumidor,
   d) tempo de espera menor,
   e) orientação imparcial.
3 Explore a possibilidade e as possíveis consequências de oferecer cada serviço da melhor maneira que você conseguir.
4 Use números coloridos para priorizar os serviços que, na sua opinião, os clientes aceitarão mais positivamente.

Como vimos, a evolução no trabalho é uma necessidade para a sobrevivência da empresa e para o sucesso. E essencial para uma empresa de sucesso é uma força de trabalho feliz. A mudança faz parte da ordem natural da vida, mas é a nossa atitude com relação a ela que nos distingue. Para alguns, a mudança seria de preferência ignorada, só sendo aceita e adaptada com relutância. Para outros, ela está no centro da vibração da vida, sempre produzindo novas experiências e oportunidades. Os Mapas Mentais são o instrumento ideal que ajuda todos nós a compreender as circunstâncias em constante evolução ao nosso redor e a aceitar as novas realidades que se apresentam. Como tal, eles são o recurso preferido de todos os líderes bem-sucedidos, como se verá no próximo capítulo.

5

Conduzindo

seu grupo

ao sucesso

Bons administradores podem fazer a diferença entre um grupo que alcança o sucesso e outro que fracassa. É por isso que os melhores administradores precisam administrar a si mesmos com tanta ou mais habilidade que administram as pessoas a eles subordinadas.

Os Mapas Mentais e o mecanismo de sucesso TEAVAS são seus aliados fundamentais na orientação das suas habilidades de liderança e na condução do seu grupo ao sucesso.

Comece com você mesmo

Antes de examinarmos mais detalhadamente a dinâmica de uma boa liderança, pergunte-se o seguinte:

- Na sua opinião, o que caracteriza um bom líder?
- Que tipo de administrador você acha que é?
- Você acha que dá bom exemplo ao seu grupo?
- Dos gerentes que você teve no passado ou tem no presente, quais você mais admira e por quê?
- Como você reage a uma crise do grupo e a enfenta?
- Você estimula a transparência e a comunicação?
- Você tende mais a elogiar ou a criticar?

Conhecer a si mesmo – seus pontos fortes e fracos – é o segredo para tornar-se um líder eficaz.

O QUE CARACTERIZA UM BOM GERENTE?

1 *Faça uma imagem central que seja relevante para o grupo que você dirige. Pode ser o logotipo do grupo ou esboços dos seus liderados como mostra o exemplo na página 125.*

2 *Em seguida desenhe os ramos principais, escrevendo neles aqueles que você julga serem os princípios fundamentais de um bom gerente. Quem*

e o que você administra? Um desses ramos deve ser reservado para você mesmo. No Mapa Mental da página seguinte, os princípios básicos identificados são "eu", "pessoal", "produto" e "ambiente".

3 Aprofunde os ramos principais e desenvolva o seu Mapa Mental acrescentando tantos ramos secundários quantos necessário. Por exemplo, que aspectos do seu "eu" você precisa gerenciar? A sua carga de trabalho? O seu conhecimento dos clientes, do pessoal ou do produto? Você precisa gerir as suas capacidades e estar atualizado com as últimas novidades do mercado?

4 Tenha o seu Mapa Mental à mão durante a leitura deste capítulo. Amplie-o à medida que reúne novas ideias a respeito de uma boa liderança.

Administrando a si mesmo

Como líder de grupo, a sua primeira prioridade é ser capaz de liderar a si mesmo: você deve servir de exemplo ao seu grupo. Para isso, você precisará:

- Organizar o seu tempo, horários e carga de trabalho;
- Conhecer a sua prioridade, seja ela a empresa, o grupo, a clientela, o mercado ou o produto;
- Procurar sempre desenvolver as suas habilidades e aprimorar os seus sistemas;
- Cuidar da saúde e da boa forma e minimizar os níveis de *stress*.

Planejamento

Como vimos no Capítulo 3, "Planejamento perfeito para progresso ilimitado", os Mapas Mentais são de fundamental importância para o planejamento tanto a curto como a longo prazos. Quer se trate de planejar para a próxima semana, mês ou ano, os Mapas Mentais possibilitam-lhe estruturar a sua vida, de modo a obter o máximo sem desgaste ou confusão. Com uma organização precária, você cria uma atmosfera permanente de crise, fator que não só produz instabilidade

CONDUZINDO SEU GRUPO AO SUCESSO | 125

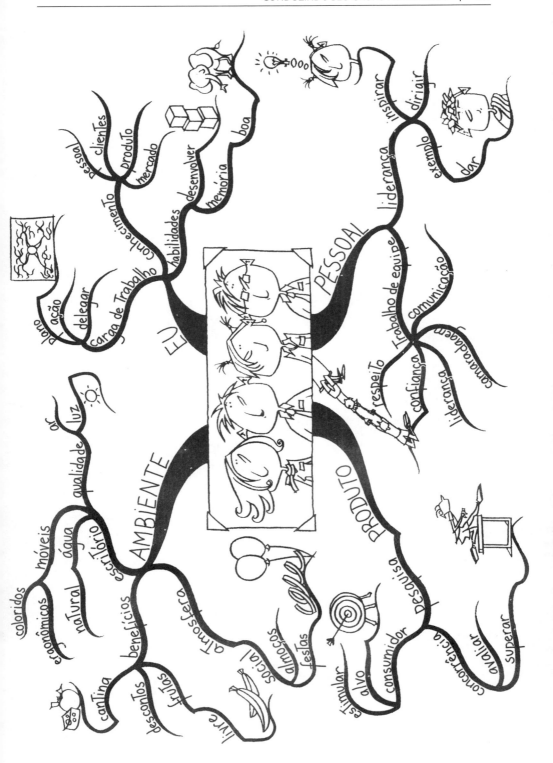

e desgaste, mas que é também impróprio para um trabalho criativo. Caso você programe o seu tempo, mas mesmo assim não consiga resolver tudo o que precisa, é possível que você não tenha aprendido a delegar, a confiar tarefas a outros que podem ser igualmente capazes, quando não mais, de realizá-las (*ver também* p. 50). Essa é uma lição importante que deve ser aprendida.

Conhecimento

Para ser um administrador excelente você precisa ter a capacidade de assimilar fatos e conhecimentos relevantes com facilidade. Ao tomar decisões criativas, quanto mais fatos e conhecimento você tiver à disposição, com mais informações o seu cérebro poderá contar para chegar a uma solução. Além disso, dispor de informações detalhadas a respeito dos seus clientes pode render-lhe muitos dividendos (*ver* p. 153).

Habilidades

Procure sempre aprimorar as suas habilidades, pois muito provavelmente elas ampliarão os seus horizontes e farão de você um líder melhor. Use os Mapas Mentais para revisar regularmente os seus sistemas, com o objetivo de aperfeiçoá-los. O segredo é estar constantemente atento a oportunidades que possam melhorar tanto o seu desempenho como o do seu pessoal. Os melhores líderes identificam áreas para aprimorar e agir.

Saúde

Um líder precisa, o máximo possível, ter boa saúde e bom estado físico. Com grande frequência, os administradores se descuidam de suas necessidades pessoais. Pode acontecer que fiquem muito tempo no trabalho, que não se preocupem em fazer intervalos ou comer adequadamente e, talvez, fumem e bebam muito, num esforço de curto prazo para reagir ao *stress* causado por suas habilidades organizacionais deficientes. De fato, ao Mapear o seu tempo, você deve sempre reservar um período para atender às suas necessidades pessoais. A importância de manter um bom equilíbrio entre a vida profissional e pessoal – e como fazer isso – está descrita em detalhe no Capítulo 8, "Equilíbrio entre a vida pessoal e a profissional". Basta dizer que se você consegue manter a sua vida profissional organizada e dispõe de um tempo livre e ativo fora do trabalho, muito provavelmente você será um líder melhor.

Conduzindo a sua equipe

Uma equipe é um grupo de pessoas trabalhando para um objetivo comum. Esse parece um conceito simples, mas nem sempre é tão simples na prática, como demonstra a história olímpica abaixo. Sem uma boa liderança, uma equipe geralmente perde o seu foco e começa a falhar. Grande parte do que diz respeito a estimular a sua equipe a trabalhar bem em grupo assemelha-se a uma boa técnica de entrevista:

- Ouvir e falar na mesma proporção;
- Mostrar interesse pelas pessoas e ideias;
- Ter uma ideia clara para onde você, a equipe e a empresa se dirigem.

Os Mapas Mentais podem ajudar a sua equipe a concentrar-se no caminho à frente e unir-se a você com uma visão comum, criativa e imaginativa.

Mapas Mentais: os oráculos na Oracle

Alan Matcham é diretor de uma das divisões que compõem a gigante multinacional Oracle, voltada para programas de computador, as indústrias EMEA. Ele diz:

"Os Mapas Mentais permeiam a Oracle. Eles fazem parte de uma atitude de inovação dentro da empresa. Nós nos caracterizamos como eficientes, mas temos a necessidade de ser mais eficazes; existem enormes diferenças entre os dois conceitos. Os Mapas Mentais ajudaram a melhorar a nossa eficácia. Percorrendo a Oracle, vejo muitos colaboradores realizando suas atividades baseados em Mapas Mentais. Eu os utilizo para gerenciar a minha própria vida na Oracle e não estou sozinho. Muitas pessoas os usam para organizar e orquestrar suas atividades. Somos uma empresa complexa, por isso os Mapas Mentais nos ajudam – eu não conseguiria administrar a complexidade do meu trabalho sem os Mapas Mentais. Utilizo-os seguidamente para lidar com os aspectos complexos envolvidos com o progresso. Francamente, eles são de um valor incalculável."

Você encontra na página seguinte um exemplo perfeito de como os Mapas Mentais podem ajudar você e sua equipe a manter o foco, definir as tarefas para cada pessoa e melhorar radicalmente o seu desempenho.

Crie Mapas Mentais para reorientar a sua equipe de inúmeras maneiras. Por exemplo, comece pedindo a cada integrante que faça um Mapa Mental da direção que ele acha que vocês como equipe, departamento ou empresa estão seguindo e depois analisem em conjunto as opiniões de todos num meta-Mapa Mental.

Visões de glória

Com a aproximação do início dos Jogos Olímpicos em Seul, fui convidado para ajudar a treinar uma equipe de remo olímpica que passava por dificuldades tão sérias que corria o risco de ser eliminada. Os integrantes da equipe tinham todos mais de l,80 m de altura, treinavam juntos havia quatro anos, tinham participado de competições internacionais e acumulavam enorme experiência. O que poderia estar havendo de errado? Para descobrir, pedi-lhes que respondessem as seguintes perguntas:

- *"Quais são os seus objetivos pessoais dentro da equipe?"*
- *"Na sua opinião, quais são os objetivos dos seus colegas?"*
- *"Do seu ponto de vista, quais são os dois principais pontos fortes da equipe?"*
- *"Quais são os dois principais pontos fracos da equipe?"*
- *"Quais as equipes que você acha que vão ganhar as medalhas de ouro, prata e bronze nas Olimpíadas?"*

As respostas foram fascinantes:

- *Os objetivos individuais eram todos diferentes;*
- *Nenhum deles identificou com precisão os objetivos dos companheiros;*
- *O número de pontos fortes que eles identificaram foram muitos; o número de pontos fracos foram apenas dois – falta de compromisso e falta de entusiasmo;*
- *Todos previram que outras equipes ganhariam as medalhas de ouro, prata e bronze (com exceção de dois gaiatos que disseram – apenas em tom de brincadeira – que ganhariam uma medalha).*

> O Mapa Mental do estado de espírito do grupo mostrou que todos estavam unidos na falta de visão comum, na unanimidade relacionada com os pontos fracos e na absoluta concordância de que não tinham qualquer chance. Não era surpresa o fato de não terem um bom desempenho.
>
> Com a ajuda dos Mapas Mentais, redirecionamos o modo de pensar da equipe, transformando-o num pensamento com objetivos e conhecimentos comuns, compromisso total e visão idêntica.
>
> Como consequência, em apenas três meses a equipe passou de uma posição em torno do 50° lugar no mundo para um inesperado 4° lugar na final olímpica.

Alternativamente, se você quer implementar mudanças no seu departamento, convoque uma reunião e use um Mapa Mental para explicar em que consistem essas mudanças, como irão melhorar o departamento e como você tentará implantá-las. Ao terminar, afixe o Mapa na parede para que o novo projeto se destaque como prioridade constante na mente de cada membro da equipe.

Você encontra outras orientações sobre Mapas Mentais para apresentações no Capítulo 7, "Apresentações persuasivas".

Administrando crises

Todos os administradores enfrentam alguma crise num ou noutro momento. Talvez você tenha de administrar um desabastecimento de energia ou um colapso do sistema num momento crucial no seu ciclo empresarial. Você também pode ver-se investido da responsabilidade de dizer às pessoas que elas serão demitidas – talvez a provação mais desgastante pela qual um gerente tenha de passar, especialmente se essas pessoas têm famílias para sustentar.

Não obstante, porém, a redução da força de trabalho é um fato da vida. Em 2002, 1,3 milhão de empregados de 500 empresas da *Fortu-*

ne perderam o emprego, demonstrando que não são apenas as empresas de menor porte que correm riscos devidos aos caprichos da economia.

A notícia afetará tanto as pessoas que serão dispensadas como os demais membros do grupo. Faça um Mapa Mental do grupo e coloque as pessoas-chave nos ramos principais. Assim você pode antecipar as reações dessas pessoas às dispensas. Você contará com elas para dar apoio ao grupo, por isso é importante levar em conta os sentimentos delas.

Preparação das dispensas

Antes de dar a informação, pergunte e veja se existem outros empregos disponíveis dentro ou fora da empresa. Se existirem, elabore um Mapa Mental desses empregos para ver quais deles têm possibilidade de ser oferecidos às pessoas com habilidades ou interesses específicos. Empenhe-se em manter um diálogo aberto e honesto com os que estão para perder suas posições e eles estarão mais inclinados a compreender por que você está precisando praticar essa ação. Ao longo de todo o processo, empenhe-se em preservar o respeito mútuo e procure fazer com que o empregado compreenda que se trata de uma decisão de caráter administrativo, e não de cunho pessoal. Para isso, Mapeie a situação para poder responder com sensibilidade e calma aos questionamentos que forem levantados.

Dispensa

As pessoas reagem de maneiras diferentes à dispensa. Se uma pessoa já estava pensando em sair do emprego de qualquer modo, ela pode considerar a dispensa mais como uma oportunidade do que como uma crise; para outra pessoa, a notícia pode deixá-la profundamente perturbada, deprimida e decepcionada com a sua própria capacidade.

Mantendo o controle numa crise

Aplicando o mecanismo de sucesso TEAVAS (*ver* Capítulo 3, pp. 60-64), você não se sentirá derrotado se alguma coisa não funcionar perfeitamente numa primeira ocorrência. Pelo contrário, você saberá que precisa analisar a situação e fazer alguns ajustes para que as coisas se acomodem.

A mesma coisa acontece durante uma crise, só que você precisa pensar e agir rapidamente, criativamente e com flexibilidade. Um modo infalível que o ajuda a agir com precisão, foco e energia é continuar montando Mapas Mentais. Assim você se mantém no controle da situação, e não o contrário.

CRISE NA CONFERÊNCIA

Imagine que você é diretor de uma agência promotora de eventos. É véspera da sua conferência mais importante do ano e você acaba de saber que dois dos palestrantes mais renomados estão gripados. Eles são os nomes de maior destaque no seu programa e o evento foi promovido em torno deles. Como você comunicará a notícia de que eles não vão aparecer?

1 Mantenha a calma
O pânico o deixa instantaneamente cego ao contexto mais amplo e emperra o seu cérebro. Se você sente que está sendo tomado pelo pânico, afaste-se da situação por 10 minutos. Distanciar-se do desafio imediato que se apresenta só lhe trará benefícios. Se o seu envolvimento emocional com a situação for muito grande, provavelmente você tomará uma decisão apressada e impensada, em vez de seguir um curso de ação responsável. Consequentemente, a sua reputação de excelente promotor de eventos ruirá. Com a atitude de que esse não é um problema, mas uma oportunidade para mostrar a sua capacidade de encontrar soluções, a probabilidade de apresentar respostas criativas será muito maior.

2 Consulte os seus mapas mentais

Na fase de planejamento da conferência, você realizou sessões de levantamento de ideias com Mapas Mentais para definir o conteúdo e os conferencistas. Volte a consultar esses Mapas para ver se existem nomes alternativos que poderiam preencher a lacuna. Talvez haja alguém que você possa convidar de última hora.

3 Tome a decisão

Crie um Mapa Mental de todas as suas opções e ordene-as em termos de preferência usando canetas coloridas. Telefone aos possíveis candidatos e veja quem pode estar disponível, acrescentando anotações ao Mapa Mental durante essas consultas. Encontros são cancelados, remarcados e reprogramados, viagens de negócios são adiadas ou suspensas e prazos fatais são dilatados. Você se surpreenderá com os nomes ilustres que pode atrair em apenas 24 horas. Dedique-se você mesmo e motive a sua equipe a procurar os grandes nomes, os especialistas na área. Se for preciso reduzir as expectativas, isso pode ser feito com a consciência de que você tentou todas as possibilidades.

Os Mapas Mentais o ajudam a aplicar uma metodologia criativa para a situação à mão. A equipe sabe o que está fazendo e você está calmamente conduzindo o navio em meio à tempestade. Um bom exemplo disso são os meus próprios cursos para o Management Centre Europe (MCE).

Jogada genial

Para a primeira noite de um seminário de dois dias, eu havia contratado um mestre internacional de xadrez para disputar 20 jogos simultâneos contra os delegados, com o objetivo de demonstrar para eles a força e o poder do cérebro humano, com destaque especial nos poderes de concentração, ética no trabalho, memória e pensamento criativo.

Cinco dias antes do evento, o mestre internacional contraiu uma gripe e recebeu do seu médico a informação de que não poderia participar do evento. A organizadora me telefonou em pânico porque "não havia tempo" para encontrar um substituto. Naturalmente, havia tempo – havia cinco dias.

Eu disse a ela para tentar todas as possibilidades – e no fim a solução veio de uma fonte surpreendente. Durante o chá da tarde com alguns amigos, no qual o filho de sete anos da organizadora estava presente, ela explicou o seu dilema, quase chorando. De repente, o filho exclamou: "Mamãe, por que você não tenta Raymond Keene?"

Sem ter a mínima ideia de quem era Raymond Keene, e instigada pelo filho que havia se apaixonado pelo jogo no clube de xadrez da escola, ela entrou em contato com Raymond Keene e consultou-o sobre a possibilidade de substituir o mestre internacional ausente. O sr. Keene respondeu positivamente.

Ela então me telefonou nervosa e me perguntou se eu aceitaria esse cidadão desconhecido chamado Keene como substituto. Eu quase caí da cadeira. Eu lhe disse que era como se ela estivesse me perguntando se eu me importaria de ter Mohammed Ali como substituto do campeão de boxe peso leve amador de Scunthorpe.

Raymond Keene é um dos maiores grandes mestres de xadrez da história. Ele escreveu mais livros sobre xadrez e sobre o processo de pensamento do que qualquer outra pessoa (mais de 110 – e continua escrevendo), é articulista do *The Times* e do *International Herald Tribune*, e talvez seja o maior jogador de xadrez simultâneo da história do jogo.

As lições que podemos aprender com essa história são:

- Todo problema tem uma solução;
- As crises devem ser vistas como oportunidades;
- As crises devem impeli-lo à ação e estimular o seu pensamento criativo;
- A solução de um problema muitas vezes é uma melhora da situação que existia antes da manifestação do problema;

- As crises ajudam a romper velhos hábitos de comportamento;
- A rendição é o único método infalível de derrota;
- Muitas soluções surgem dos lugares mais inesperados;
- Em situações problemáticas, mantenha os olhos e a mente bem abertos e amplie a participação da sua equipe;
- "Nada acaba enquanto não termina" – e mesmo então não acaba.

Para enfatizar um pouco mais esse aspecto, a seguinte história demonstra enfaticamente como os Mapas Mentais podem ser úteis até em momentos de crise extrema.

Uma fênix das cinzas

Quem conta a história é Sami Khan, vice-presidente de Veritas DCG em Cingapura:

"Há cerca de oito anos, durante a viagem de volta a Cingapura depois de uma reunião de negócios, recebi o comunicado de que a sede havia pegado fogo. Dirigi-me imediatamente para o local e, embora parte do prédio continuasse intacta, o setor de informática fora totalmente destruído. Felizmente, como o incêndio ocorreu numa sexta-feira à noite/madrugada de sábado, não havia ninguém no prédio.

"O nosso diretor regional, eu e todos os gerentes mais antigos estávamos lá. Informamos o ocorrido à sede e ao nosso presidente nos Estados Unidos e pusemos o nosso plano de emergência em ação. Salvamos tudo o que pudemos em termos de dados porque grande parte deles pertencia aos clientes – grandes empresas de petróleo. Entramos em áreas tomadas de água e fuligem e procuramos salvar as fitas magnéticas, tarefa que nos ocupou todo o sábado e domingo. Na segunda-feira de manhã, o nosso presidente chegou a Cingapura e tivemos uma reunião para tratar do que devíamos fazer e de como planejaríamos a reconstrução das instalações.

"Na segunda-feira decidimos que todos os funcionários deviam ir para casa, com exceção das pessoas-chave das quais precisávamos para recuperar o lugar juntos. Nós nos reunimos na segunda-feira à noite num dos hotéis locais e pedimos que os funcionários comparecessem a uma sessão de Perguntas e Respostas. A declaração de abertura do presidente foi que iríamos construir uma sede maior e melhor. Algumas pessoas achavam que a empresa talvez apenas recebesse o valor do seguro e encerrasse as atividades completamente, o que não aconteceu.

"Os funcionários-chave receberam a lista indicando quem devia apresentar-se para trabalhar nas semanas seguintes. Na terça de manhã, o presidente, que dirigia o processo todo, pediu cartazes e marcadores e começou a montar um plano e um Mapa Mental das pessoas e das tarefas pelas quais seriam responsáveis. Ele também deixou espaços para registrar no fim do dia o ponto onde nos encontrávamos com relação ao ponto onde julgávamos que devíamos estar.

"Coube a mim exercer as funções de relações públicas e entrar em contato com cada um dos nossos clientes por telefone, comunicando-lhes o que havia acontecido e dizendo como iríamos resolver a situação. O presidente assumiu a coordenação do processo. Havia uma força-tarefa que avaliava o que podíamos salvar. Um grupo de engenheiros estudou como seria reconstruído o centro de processamento de dados. Basicamente, mapeamos cada atividade diariamente, como limpar o escritório, colocar novo carpete, desinfetar o prédio, de modo que quando as pessoas voltaram duas semanas depois, todas puderam começar a trabalhar normalmente.

"Assim procedíamos todos os dias, e foi incrível ver como as pessoas se uniram nessa crise – a empresa era como nossa própria família e tivemos de trabalhar muito para superar essas dificuldades a despeito de tudo.

> *"Assim, mapeamos cada processo e, acredite, em questão de 10 dias reconstruímos todo o centro de processamento de dados e o deixamos em pleno funcionamento. Os Mapas Mentais nos pouparam em torno de 3 a 4 milhões de dólares. Se você observar a nossa empresa hoje, verá que ela cresceu muito nos últimos oito anos e passou do terceiro ou quarto lugar para o primeiro nessa região."*

Comunicação

Os melhores líderes são aqueles que pensam grande, têm ideias visionárias e sabem como comunicá-las. Quanto mais você estimular uma boa comunicação em todos os níveis – na sua equipe, em toda a empresa e com os seus clientes e agências externas – mais você será um líder no verdadeiro sentido da palavra.

Os Mapas Mentais podem ser fundamentais para comunicar com clareza, evitando assim incompreensões e conciliando desavenças. A história a seguir é um ótimo exemplo disso.

Comunicação, não conflito

Em novembro de 2003, o México estava sediando a conferência anual da Organização Mundial do Comércio (OMC) em Cancún. Os encontros da OMC anteriores, de modo particular o realizado em Seattle, haviam provocado protestos contra a globalização que produziram centenas de manchetes em 2001. No México, os manifestantes haviam prometido uma mobilização ainda maior do que a de Seattle.

O governo e o exército mexicanos, em conjunto com a empresa de segurança mexicana Vitalis, decidiram montar um Mapa Mental de todas as possíveis ações que poderiam ocorrer durante a semana da conferência. 8.829 atividades foram identificadas e Mapeadas num meta-Mapa Mental. Depois mapearam todas as possíveis áreas de conflito e os modos de contê-las pacificamente.

Em seguida, mapearam os planos e intenções de todos os manifestantes antiglobalização, entraram em contato com essas organizações e mostraram-lhes os Mapas Mentais com o objetivo de romper a barreira "eles-nós". Em vez de deixar os manifestantes perturbar a ordem pública em Cancún, as autoridades mexicanas responsáveis pela conferência prometeram-lhes acomodações e tempo com os meios de comunicação para apresentar suas reivindicações. Quais foram as consequências dessas medidas?

- O evento transcorreu sem um único ato de violência de uma pessoa contra outra;
- Houve uma cooperação extraordinária entre facções anteriormente contrárias;
- Os líderes do movimento antiglobalização expressaram seu reconhecimento pelo que os organizadores da conferência da OMC fizeram por eles;
- Foi preparado um documento de 200 páginas baseado no modo como os Mapas Mentais foram instrumentais no planejamento e realização do evento. Esse documento é hoje usado como manual de operações e modelo do modo de administrar outros eventos internacionais importantes com possibilidade de enfrentar ameaças de violência equivalentes.

Além de ser um exemplo particularmente impressionante da aplicação de Mapas Mentais, essa história demonstra algumas outras qualidades que são essenciais para um bom negócio:

- Capacidade de ouvir;
- Capacidade de planejar e de efetuar ajustes;
- Visão aberta;
- Persistência.

Esse é também um exemplo perfeito do mecanismo de sucesso TEAVAS (*ver* pp. 60-64) em ação, provando, da maneira mais crucial, que lições aprendidas com erros e fracassos levam ao sucesso. Nesse caso, o fracasso dos organizadores da conferência de Seattle em controlar a violência levou a uma postura renovada e de sucesso no México.

A comunicação de notícias difíceis

Tenha você notícias boas ou ruins, o seu pessoal quer manter-se informado. No caso de más notícias, é provável que o mecanismo de boatos já estará em pleno funcionamento, o que pode ser ainda mais pernicioso para o moral do grupo.

Se decisões difíceis precisam ser tomadas, ser-lhe-á mais fácil comunicá-las ao seu pessoal por meio de Mapas Mentais. Estes ajudam a colocar qualquer situação sob um foco mais claro. Eles ajudam a sufocar possíveis rumores porque facilitam a apresentação dos fatos com clareza, mostrando como eles influenciam e afetam cada membro da empresa.

Por exemplo, se aumentos salariais tiveram de ser suspensos pelo segundo ano consecutivo, comunicar as razões por trás dos dados financeiros por meio de um Mapa Mental permite aos membros da equipe pôr a situação em contexto e muitas vezes os inspirará a unir-se e investir mais energia em seus esforços, como foi o caso da cadeia de restaurantes Mex.

MAPAS MENTAIS NO TRABALHO

Mex e seu novo tempero

Mex, uma cadeia de restaurantes mexicana atuando no sul dos Estados Unidos, passava por dificuldades extremas. Na verdade, ela entraria em falência no prazo de três meses. O diretor da empresa, o sr. Liuzza, reuniu todo o seu pessoal – garçons, cozinheiros, lavadores, faxineiros e gerentes – de cada um dos 10 restaurantes do grupo e expôs-lhes a situação abertamente. Se as coisas não melhorassem rapidamente, os restaurantes fechariam e todos estariam desempregados.

Juntos, eles criaram um Mapa Mental gigante dos problemas atuais e em seguida realizaram uma sessão de levantamento de ideias para encontrar possíveis soluções. Inúmeras ideias surgiram, como redecorar as instalações, vestir uniformes, e até contratar uma pessoa, para ficar do lado de fora dos restaurantes, e receber os clientes com um sorriso aberto e fazer alguma oferta, como um canapé gratuito.

Durante esse período difícil, nem um único empregado saiu da empresa, e alguns inclusive se prontificaram a ter reduções salariais temporárias. Por puro e simples trabalho árduo e espírito de equipe, baseados num estado de espírito extraordinário, os destinos da Mex tomaram outra direção nos dois meses seguintes.

REORGANIZANDO A SUA EQUIPE EM TEMPOS DIFÍCEIS

Procure comunicar notícias ou mudanças que afetarão a todos o mais rápido possível e convoque uma reunião para substituir os rumores por fatos. Prepare um Mapa Mental e use-o para explicar as mudanças que ocorrerão e como elas influenciarão a vida de toda a empresa.

1 Comece desenhando uma imagem central que represente a situação. O exemplo no Mapa Mental colorido "Construindo um Futuro Juntos" é o cenário de uma empresa que acaba de ser incorporada a outra maior e tem os integrantes do grupo como imagem central.

2 Desenhe em seguida os ramos principais para os pontos-chave da notícia que você precisa transmitir e de como isso afetará o seu pessoal e a em-

presa. O Mapa Mental identifica "membros" (as pessoas que serão afeta-
das pelas mudanças), "comunicação" (o que precisará ser comunicado
ao pessoal), "moral" (a questão essencial em jogo para manter o pessoal)
e "ação" (a ação que o pessoal e a empresa precisam desencadear).
3 Desenvolva os ramos principais com tantos ramos secundários quantos
sejam necessários. Por exemplo, se as pessoas estão pedindo demissão
e o moral está muito baixo, como você reverterá a situação? Que in-
centivos você pode oferecer às pessoas para que permaneçam na em-
presa? A empresa tem uma cultura de gestão negativa em que os gerentes
mais criticam e acusam do que elogiam?

Depois de dissecar todas as possibilidades no seu Mapa Mental, use-
o para estruturar a sua apresentação ao grupo. (Veja mais informações
sobre o uso de Mapas Mentais em apresentações no Capítulo 7, "Apresen-
tações persuasivas".) O pessoal valorizará a sua honestidade e provavel-
mente a realidade será para eles bem menos preocupante do que suas
especulações.

Administração eficaz das pessoas

O que o motiva a realizar o seu trabalho? O que o mantém nele? Um
ou mais dos seguintes motivos são possíveis:

- Você enfrenta novos desafios a cada dia;
- Você se sente valorizado e reconhecido;
- Você é recompensado financeiramente;
- Você recebe avaliações positivas dos seus colegas;
- Você sente que faz diferença;
- Você tem um bom equilíbrio entre a vida pessoal e profissional.

A chave para administrar pessoas no trabalho é descobrir o que as
motiva e usar essa informação para extrair o melhor delas. Por exemplo, algumas pessoas gostam da emoção da mudança e da incerteza,
enquanto outras aspiram à segurança da rotina invariável. É por isso
que diferentes pessoas adaptam-se a diferentes empregos e tarefas.

A motivação deve sempre estar no primeiro plano do pensamento de qualquer gerente. Se, como líder de um grupo, você mostra entusiasmo e paixão pelo seu negócio, essa energia positiva impregnará todo o ambiente de trabalho. Isso não quer dizer que você deve esperar que todos fiquem satisfeitos com os aspectos menos nobres de uma tarefa, mas se você tiver à mão Mapas Mentais para mostrar como cada aspecto de um projeto contribui para um resultado criativo, seguramente todos sentirão alguma satisfação no que fazem.

No entanto, se você estimular os membros da sua equipe a automotivar-se, você dará um passo à frente por incutir neles um sentimento de capacidade e realização. Dedique tempo e energia para aumentar a confiança deles, de modo que possam se sentir bem com relação ao que fazem. Eles então formarão uma equipe mais coesa. Estimule o seu grupo a sentir orgulho de suas realizações e criatividade e leve-o a valorizar os processos que desenvolveram para ajudar a chegar a isso.

É esse aumento de confiança que ajudará a formar e revelar a geração seguinte de administradores. É importante que os administradores alimentem as futuras luzes brilhantes de suas empresas.

Mantendo a motivação do seu pessoal

Um relatório da Hewitt Associates, empresa de consultoria global, inclui as seguintes táticas para manter a lealdade do seu pessoal:

1 **Observe os seus gerentes** – Se a atitude deles for fria e negligente, os integrantes da equipe se sentirão desconfiados e negligenciados – e podem sair da empresa. Uma atitude fria e inflexível não é tolerada entre o pessoal dos escalões inferiores, e também não deve ser aceita entre os que ocupam os níveis mais elevados da administração. O impacto de um gerente negativo e ríspido sobre os demais membros da equipe não deve ser subestimado. Se esse for um problema, ele precisa ser resolvido imediatamente.

2 **Tenha uma missão bem definida** – Quando o seu pessoal acredita que está trabalhando para um propósito comum, em vez de ser coagido a realizar tarefas individuais para um objetivo que não foi apropriadamente explicado, sua atitude será mais alegre e esperançosa.

3 **Repetição da intenção** – Repita frequentemente mensagens de estímulo e os objetivos para o pessoal. Por exemplo, "Nós somos o Nº 1", "O atendimento ao cliente está em primeiro lugar", "A nossa qualidade é imbatível". As mensagens servem de ganchos importantes em que podemos pendurar cada ação durante o dia de trabalho.

4 **Faça do seu local de trabalho um primoroso local para trabalhar** – Não é coincidência que as empresas que são os melhores locais para trabalhar têm os melhores desempenhos nos negócios.

Delegação eficaz

Três aspectos destacam-se na questão da delegação eficaz:

1. ATRIBUIR A TAREFA À PESSOA CERTA

Muitos exemplos de má gestão devem-se simplesmente a uma delegação inadequada. Como gerente, uma das suas prioridades é conhecer tanto os pontos fortes e fracos das pessoas sob sua responsabilidade quanto o volume de trabalho que cabe a cada uma delas numa determinada semana. Assim você estará em condições de atribuir a tarefa certa à pessoa certa e de não subestimar nem sobrecarregar os seus auxiliares.

Os Mapas Mentais podem ser muito úteis nesse sentido, pois você pode mapear os integrantes da sua equipe e relacionar suas capacidades e experiências. Reporte-se aos seus Mapas Mentais regularmente, acrescentando novas habilidades adquiridas ou tarefas assimiladas. Você poderá assim dimensionar a capacidade dos seus colaboradores a uma maior carga de responsabilidade e adaptar as habilidades deles a um ritmo em que possam encontrar satisfação no desafio, sem ao mesmo tempo se sentirem incapazes.

2 COMUNICAR O QUE PRECISA SER FEITO

Normalmente os administradores conhecem o resultado desejado, mas não o comunicam adequadamente ao grupo. Concluída a tarefa, se o resultado for inferior ao desejado, é provável que a causa seja a pouca clareza das instruções transmitidas.

Evite esse tipo de aborrecimento dando instruções claras no momento de delegar e pondo-se à disposição para dirimir dúvidas na fase de execução. Os Mapas Mentais constituem a instrução perfeita, pois apresentam uma visão geral da sua ideia para a tarefa numa única página.

Mapas Mentais para a sobrevivência do grupo

Rikki Hunt é ex-diretor da Burmah Oil e atual presidente da Fuel Force, empresa que movimenta em torno de um bilhão de libras por ano. Ele participou de uma expedição com uma nova equipe britânica com o objetivo de determinar a posição exata do Polo Norte Magnético. Antes da expedição, ele usou Mapas Mentais para planejar a viagem quanto a todo o material que precisava levar, mas a técnica realmente justificou sua existência quando ele precisou planejar a ocupação de uma barraca muito pequena (1,50 m x 1,80 m) com outras quatro pessoas:

"Quando se dorme num saco de dormir e alguém se vira, todos também precisam se virar! A temperatura pode baixar a 50°C negativos na barraca. Emocionalmente, é muito difícil sentir-se animado, de modo que mapear toda a situação antes e antecipar problemas específicos pode ser de grande ajuda. Os Mapas Mentais são um recurso muito positivo que me ajuda a preparar-me. Uma das coisas que fiz foi elaborar o Mapa de como devíamos organizar-nos como grupo. Os coordenadores haviam dito que devíamos trabalhar em rodízios: uma pessoa cozinharia na segunda-feira e outra na terça; alguém recolheria a neve para água e outro ergueria a barraca. Com Mapas Mentais, descobrimos que tínhamos alguém no grupo que gostava de cozinhar. Assim, em vez de cozinhar apenas na segunda-feira, ele cozinhava todas as noites. Também contávamos com alguém que não se importava em sair no tempo ruim para recolher a neve para transformar em água. Desse modo, em vez de formar rodízios, criamos um ambiente que favoreceu todos os participantes."

3. CONFIAR NO BOM DESEMPENHO DA SUA EQUIPE

Se você delegou a tarefa apropriadamente e comunicou o objetivo que quer alcançar, então deve confiar que a sua equipe terá o desempenho que você espera.

Você precisa confiar no grupo não somente porque ele o libera de executar o que é necessário para alcançar o objetivo, mas também porque é importante que todos se sintam proprietários do que fazem.

Empregados que não se sentem proprietários de nada do que fazem e a quem se recusa responsabilidade muito provavelmente se sentirão insatisfeitos e pouco motivados.

A história de Rikki Hunt demonstra muito bem como os Mapas Mentais podem ajudar os grupos a descobrir os pontos fortes e fracos de cada membro, para que assim as tarefas possam ser delegadas com critério e equilíbrio.

Eles também podem ajudar a planejar em grupo, especialmente quando um enorme desafio é na verdade sinônimo de sobrevivência, como no exemplo de Rikki.

TEAVAS para elogio e crítica construtiva

Outra função de suma importância como administrador e líder é oferecer aos integrantes da sua equipe uma avaliação do que fazem. Assim eles podem aprender com seus acertos e erros e desenvolver-se com eles. É nesse aspecto da gestão que o TEAVAS mostra toda sua utilidade (para informações mais detalhadas sobre o TEAVAS, ver Capítulo 3). Para recapitular, TEAVAS significa:

- Tentativa
- Evento
- Avaliação
- Verificação
- Ajuste
- Sucesso

1 ELOGIO

Muitos gerentes são mais rápidos em criticar o seu pessoal do que em elogiá-lo. No entanto, nunca será demais enfatizar a importância de fazer uma avaliação positiva quando ela é merecida. Quando conquistado, o elogio motiva o grupo e lhe dá confiança para aspirar a coisas mais elevadas e alcançá-las. Nunca subestime o poder da avaliação positiva. Mesmo que alguém da sua equipe tenha cometido muitos erros, procure incluir alguns comentários positivos que ele possa compreender e armazenar em seu banco de experiências como algo a desenvolver e ampliar.

2 CRÍTICA CONSTRUTIVA

Na liderança de um grupo, haverá ocasiões em que erros são cometidos e que precisam ser discutidos. Afinal, é quase certo que para chegar à posição em que se encontra hoje, você deve ter passado por fracassos de uma espécie ou outra. Muitas pessoas têm dificuldade de aceitar a crítica porque temem que ela destaque o fato de terem fracassado.

O fracasso pode ter um efeito devastador sobre a confiança e o sentimento de autoestima de uma pessoa, especialmente se ele acarreta a perda humilhante do emprego ou o rebaixamento.

Em geral, o medo do fracasso é mais comum do que o fracasso em si, e isso pode ser muito mais prejudicial para um negócio: significa que a empresa e o seu pessoal não assumirão riscos. Uma empresa incapaz de assumir riscos jamais estará na linha de frente nem será uma líder do mercado. Isso acontece porque o fato de assumir riscos, muito embora riscos calculados, e a capacidade de aprender com o fracasso fazem parte do crescimento e evolução de todo empreendimento bem-sucedido. É isso que distingue o homem de negócios excepcional do comum.

O poder da persistência

Segundo o dr. Adrian Atkinson, psicólogo do trabalho e diretor-gerente da Human Factors International, a maioria dos empreendedores fracassa uma média de cinco vezes antes de finalmente alcançar o sucesso. Atkinson também observa que empreendedores consideram os fracassos como experiências de aprendizado que os ajudam a continuar progredindo.

Como os melhores empreendedores, você também deve usar os fracassos do grupo como oportunidades para aprender. O mecanismo do sucesso TEAVAS ajudará você e a sua equipe a examinar o que deu errado, por que e o que podem fazer para impedir que a mesma coisa aconteça novamente ou para transformar a situação num sucesso. Isso fará com que a crítica seja construtiva e não desestimuladora.

TEAVAS EM AÇÃO

- *Providencie para que toda a sua equipe conheça o mecanismo de sucesso TEAVAS; use-o regularmente nas reuniões para analisar os resultados e o desempenho como grupo. O mecanismo TEAVAS leva em conta o fracasso, ou o erro, em sua fórmula para o sucesso, e assim o grupo criará em pouco tempo o hábito de analisar os erros e de interpretar o que aprendeu no contexto do sucesso seguinte.*
- *No momento de fazer uma crítica construtiva, sente-se com toda a equipe ou com um dos seus integrantes em particular e faça uma análise aberta do que aconteceu e por quê. Desenhe um Mapa Mental da situação para ajudar a discussão baseado nos seis aspectos do TEAVAS, especificamente:*
  - *1 Tentativa. Qual era o objetivo do projeto ou tarefa e como a equipe ou pessoa reagiu com relação a ele?*
  - *2 Evento. Qual foi o resultado da tarefa ou projeto em foco?*
  - *3 Avaliação. O que andou bem? O que não deu certo? O que pode-*

ria ter sido feito melhor? Você deveria ter dado à equipe ou à pessoa mais ajuda ou orientação?

4 VERIFICAÇÃO. *O que você acha que pode ser feito para melhorar a situação? Que medidas podem ser tomadas para que os mesmos erros não voltem a ocorrer? O que teve bom desenvolvimento e o que deve ser mantido? O que você aprendeu com a experiência?*

5 AJUSTE. *Como você pode implementar as mudanças necessárias? Como líder do grupo, você precisa orientar mais diretamente?*

6 SUCESSO. *Qual o caminho a seguir? Quais são os novos objetivos para o projeto? Qual será a recompensa pela próxima vitória?*

• *Ao levar em consideração os pontos fortes e as deficiências da pessoa ou da equipe, você estará demonstrando que vê o grupo ou a pessoa como um todo e não que está simplesmente apegando-se aos aspectos negativos do desempenho observado. Isso lhe atrairá respeito e o ajudará a solicitar o melhor do grupo no futuro.*

• *Se os integrantes da sua equipe se sentirem apoiados, é muito possível que conseguirão fazer as adaptações necessárias para melhorar seu desempenho.*

Microsoft: força com origem na fraqueza

A Microsoft é constantemente exaltada como uma história de sucesso no mundo empresarial. Bill Gates, presidente da Microsoft e arquiteto de softwares, gosta de inovar, é um líder inspirador e construiu uma cultura corporativa invejável que com frequência vê a Microsoft pontuando alto em pesquisas que se propõem a revelar as mais excelentes e produtivas empresas ao redor do mundo.

O que impulsionou o sucesso da Microsoft ao longo dos anos é sua capacidade inerente de ver uma peça de software com olhos objetivos e de reconhecer seus defeitos e também suas virtudes. Bill Gates, dirigindo-se a uma plateia nos Estados Unidos por ocasião do lançamento das inovações mais recentes da Microsoft, referiu-se a um desafio que a empresa teve de enfrentar no passado e como lidou com ele:

> *"Se alguma coisa prova a nossa disposição de ouvir os nossos clientes e de melhorar, é a evolução do Word ao longo dos anos. Não há dúvida de que a primeira versão era um tanto tosca, resultado do grande sonho de um tecnólogo. Nós ouvimos muito. As pessoas nos pediram para mudá-lo, e nós o levamos adiante."*
>
> O fato de o homem mais rico do mundo aceitar e admitir defeitos, além de atribuir tanta importância ao ato de ouvir, mostra por que Gates é uma personalidade inspiradora.

Se você ensinar o seu grupo a superar o medo do fracasso, ele estará motivado a tomar a iniciativa e a se autogovernar. As ideias positivas das pessoas que o compõem irão interagir sinergicamente, constituindo uma fonte perene de inspiração. Pode acontecer que uma determinada solução acabe sendo pouco inteligente, mas isso é muito mais positivo do que ficar preso num ciclo interminável de ausência de desafios ou mudanças. Lembre-se:

MUITAS VEZES O SUCESSO É PRECEDIDO POR UM FRACASSO INICIAL

E o ingrediente vital de que você precisa para alcançar os seus objetivos é:

PERSISTÊNCIA

Gestão do conhecimento

O modo como a gestão do conhecimento é conduzida numa empresa é fator importante para um desempenho empresarial de sucesso. Como líder, é função sua não só tomar medidas para ter à mão todos os possíveis dados e números relevantes atualizados, mas também gerar uma cultura de gestão do conhecimento em toda a organização.

Uma das principais maneiras pelas quais as empresas podem se diferenciar no saturado mercado atual é a do seu conhecimento atualizado. Uma empresa com capacidade de prever as tendências do mercado terá sem dúvida uma vantagem competitiva. E toda empresa que tenha uma forte tradição de perícia numa determinada área é capaz de se manter um passo à frente.

A gestão do conhecimento pode dar-se no contexto de uma estrutura formal, como reuniões regulares baseadas em Mapas Mentais que ajudem a trocar e repassar informações e ideias. Ou ela pode ocorrer num cenário mais informal, como comparar anotações num encontro casual junto ao bebedouro de água.

Um objetivo fundamental da gestão do conhecimento é acumular e em seguida difundir esse conhecimento na cultura da empresa para que esteja à disposição de todos, qualquer que seja a posição que ocupem na hierarquia empresarial. Os Mapas Mentais são um excelente instrumento para manter as pessoas atualizadas com relação à empresa e ao mercado em que ela opera. Com Mapas Mentais expostos e facilmente visíveis, relacionados com áreas como clientes, empresas concorrentes e desenvolvimento de produtos, as equipes terão sempre uma visão do quadro mais amplo.

Projetistas e engenheiros na Boeing usam Mapas Mentais para manter-se mutuamente informados sobre as ideias mais recentes e o desenvolvimento de projetos de uns e de outros. Quando eles têm novas ideias ou concluem alguma etapa de seus projetos, eles acrescentam essa informação no Mapa Mental comum para manter os demais membros da equipe atualizados e para divulgar as novas ideias (*ver também* "Nada de tédio na Boeing", p. 204).

Uma empresa que compreende a importância da gestão do conhecimento e como ela pode influenciar o resultado final estimula todos os integrantes da empresa a pensar com mais brilho. Use Mapas Mentais para estimular e refletir esse pensamento brilhante.

Gestão eficaz do conhecimento

1 COMPROMISSO COM O APRENDIZADO

Invista num processo de aprendizagem permanente, tanto seu como dos integrantes do seu grupo. Tenha como prioridade absoluta dispor de um programa voltado para o "aprender a aprender" que inclua Mapas Mentais, pensamento criativo, memória, leitura dinâmica, técnicas de estudo e habilidades de comunicação. Essas são as bases essenciais de toda a gestão do conhecimento. Com essas habilidades cerebrais solidamente estabelecidas, o conhecimento será absorvido com maior rapidez, compreendido com maior facilidade, lembrado de modo mais completo e aplicado de maneira mais apropriada. Sem essas habilidades, 80% do que é aprendido será esquecido em 24 horas.

É muito importante que você e o seu grupo examinem regularmente revistas, jornais, livros e outros meios em busca de informações relevantes ao seu ramo de atividade e que registrem tudo em Mapas Mentais. Juntos, vocês devem aplicar o seu conhecimento "aprender a aprender" à assimilação contínua de novas aptidões, inclusive de idiomas, que trarão benefícios para os negócios e darão a você e à equipe uma base mais profunda e ampla a partir da qual trabalhar. Como consequência, a equipe ficará mais envolvida e motivada e se sentirá mais valiosa e mais valorizada.

2 INVESTIMENTO NO BANCO DE CONHECIMENTOS DO GRUPO

Um grupo de pessoas possui um enorme banco de conhecimentos em comum. Se cada membro do grupo tem acesso aos milhões e milhões de células cerebrais uns dos outros e à incrível quantidade de conhecimento ali armazenado, toda essa informação pode levar a empresa a um sucesso ainda maior.

A melhor maneira de administrar as informações no seu banco de conhecimentos é usar Mapas Mentais computadorizados. Mapas Mentais computadorizados, como o "Mind Genius", têm a vantagem de possibilitar-lhe administrar o seu conhecimento tanto em sua dimensão macro como micro. Veja mais informações no Capítulo 7, "Apresentações persuasivas".

3 INTERESSE ATIVO

Incentive os integrantes da sua equipe a considerar o trabalho que executam como algo mais do que apenas um meio para receber um contracheque no final do mês. Apresente-os a clientes, ofereça-lhes material de leitura relevante, especialmente Mapas Mentais, e peça-lhes opiniões sobre a empresa em que trabalham. Se a sua equipe se interessar ativamente pela empresa, não há dúvida de que surgirão algumas perspectivas muito interessantes e sugestivas. Transmita-lhes a confiança de expressar e pôr em comum o que passa na mente e no pensamento de cada integrante.

Motivando os integrantes da equipe a se tornarem excelentes gestores do conhecimento

- Participe de eventos com eles.
- Registre informações relevantes em Mapas Mentais.
- Estimule o interesse deles pela empresa em que vocês trabalham.
- Seja um grande entusiasta da sua empresa e torne-se um dos seus principais suportes. Você pode demonstrar esse entusiasmo participando de associações do ramo e falando em fóruns e conferências.
- Esteja disponível aos integrantes da sua equipe como alguém a quem podem dirigir-se em busca de motivação e orientação sobre assuntos profissionais.

Gerenciando consumidores e clientes

Um objetivo muito importante do seu negócio é satisfazer os clientes para que eles continuem adquirindo os seus produtos. Isso equivale a uma definição de lucratividade. Se lucratividade significa pura e simplesmente acumular dinheiro, mais cedo ou mais tarde a empresa desaparecerá sem deixar rastros. Mas se um negócio existe para oferecer aos clientes um serviço que desejam continuamente, ele subsistirá.

Mapas Mentais são um modo de organizar um negócio que tenha como centro o consumidor. Na prestação de serviços ao consumidor, as pessoas mais habilidosas são as que estabelecem tão boas relações com os clientes a ponto de conquistá-los como amigos. O estreito relacionamento estabelecido deve levar o cliente a sentir-se leal à empresa e interessado em seu sucesso contínuo. Essa é uma situação que só pode ser mutuamente benéfica.

Na administração de uma empresa, é fundamental que você e a sua equipe tenham uma imagem clara da clientela. Para isso, comece desenhando um Mapa Mental dos seus clientes-alvo (ver exemplo na página seguinte). Uma imagem real dos clientes depende da qualidade e da quantidade de informações obtidas e de pesquisas realizadas. Ao criar um Mapa Mental com base em dados estatísticos, os resultados são às vezes surpreendentes, e sempre esclarecedores.

MAPA MENTAL DOS SEUS CLIENTES-ALVO

1 *Faça um esboço do seu cliente típico no centro do Mapa Mental para ter um estímulo visual. Pense nos seus clientes como se fossem personagens num filme ou num romance. Você pode inclusive dar-lhes nomes.*

2 *Desenhe ramos principais a partir da imagem central, identificando-os com uma única palavra, dando informações básicas sobre os clientes. Essas informações compreenderão categorias amplas, como sexo, situação financeira, estilo de vida, prioridades e valores, idade e interesses.*

3 *Caracterize os clientes com mais detalhes nos ramos secundários. Desenhe figuras por todo o Mapa Mental para dar-lhe vida. Por exemplo, em "finanças", você pode estimar salários em torno de R$ 40.000,00 por ano, com porcentagens significativas despendidas com lazer, férias, roupas, produtos de beleza e presentes.*

4 *Feito o esboço desse Mapa Mental, apresente-o aos demais integrantes da equipe para uma análise conjunta das ideias. E sempre que tiver motivo para alterar ligeiramente a sua visão do seu cliente-alvo, faça a modificação correspondente no Mapa Mental.*

CONDUZINDO SEU GRUPO AO SUCESSO | 155

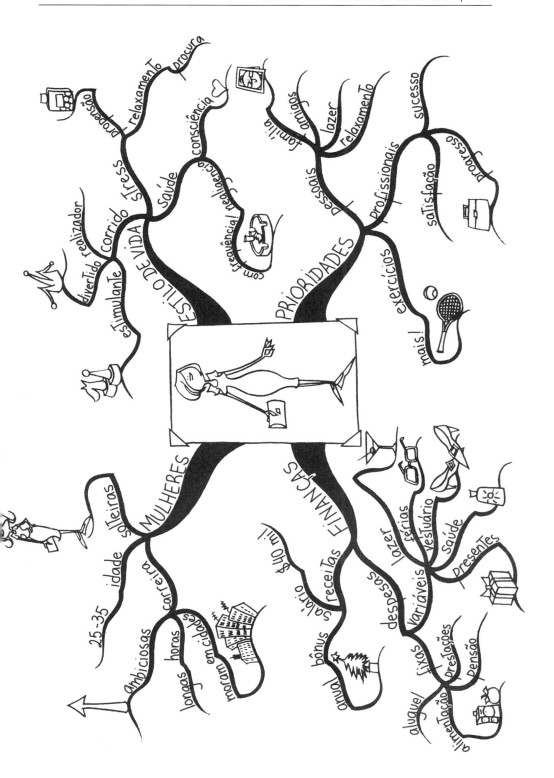

Compreendendo os seus clientes

Agora que você tem uma boa ideia do tipo de pessoas que são os seus clientes-alvo, você saberá melhor como abordá-los e como comunicar-se com eles quando os encontrar.

Muitos empresários e comerciantes têm medo de se encontrar com os clientes, considerando essa tarefa mais como dever do que prazer. No entanto, encontrar-se com os clientes é sem dúvida a melhor maneira possível de aumentar a sua compreensão mútua do negócio com que você está envolvido. Administrar o seu relacionamento com os seus clientes é um dos investimentos mais lucrativos de tempo e energia que você pode fazer.

Embora você tenha em mente uma imagem estereotipada do seu "cliente-alvo", na realidade, de fato, cada pessoa é diferente. Todas, porém, se sentirão lisonjeadas com uma atenção dirigida e personalizada. Lembrar os nomes dos clientes e detalhes sobre a vida deles sempre cria uma impressão favorável (*ver* algumas indicações para melhorar a memória na seção seguinte). Em seguida, adquira o hábito de fazer o Mapa Mental de novos clientes sempre que a oportunidade se apresentar. Esse será um Mapa Mental contínuo que reflete tudo o que eles lhe dizem sobre si mesmos.

Do mesmo modo como você mapeou os seus clientes-alvo, comece com o nome deles e uma breve descrição física de cada cliente no centro do Mapa – ou, melhor ainda, faça um desenho deles. Você pode criar ramos para família, interesses, profissão, história profissional e férias.

À medida que recolher informações sobre eles, acrescentando-as no Mapa, você começará a conhecê-los como amigos. O seu Mapa Mental será um banco de dados colorido, oferecendo uma visão imediata de quem seus clientes são realmente. Como resultado, você:

• Terá mais confiança nos seus clientes, pois alimentou a expectativa de vê-los;

• Estará mais atento ao que esteve acontecendo na vida deles;

- Estará mais predisposto e capacitado a atender às necessidades do cliente, pois descobriu quais são suas reais necessidades;
- Vai acolhê-los de braços abertos porque está interessado neles e eles se sentem envaidecidos por seu interesse;
- Descobrirá que eles querem comprar ainda mais de você.

UMA BOA MEMÓRIA DEIXA UMA IMPRESSÃO PERMANENTE

1 REPETIÇÃO

Quando você é apresentado a alguém, repita o nome da pessoa em voz alta. Registre alguma coisa peculiar a respeito do nome. Se for um nome difícil de pronunciar, tome todo o cuidado para pronunciá-lo de modo absolutamente correto. Use o nome do cliente logo depois de conhecê-lo, para que se torne real em sua mente. Se você for apresentado num ambiente de negócios, peça o cartão de visitas e observe o nome escrito.

Você pode também desenhar um Mapa Mental simplificado no verso do cartão com alguns traços do rosto no centro e os ramos contendo informações importantes a respeito da pessoa. Esse será um lembrete útil caso você precise telefonar para esse contato ou se o encontrar novamente. Nomes sempre angustiam as pessoas, mas vale a pena fazer o esforço.

Uma boa maneira de garantir que as pessoas lembrem o seu nome é repeti-lo durante a conversa usando o discurso direto em vez do indireto. Assim, em vez de dizer "Meu chefe me perguntou se eu queria vir para essa conferência", diga "Meu chefe perguntou: 'Tony, você gostaria de participar dessa conferência?' Dessa maneira o ouvinte grava o seu nome com mais facilidade e a conversa se torna mais interessante e agradável.

2 INTERESSE

Quanto mais você se interessar pelas coisas que o cercam, mais difícil será esquecer os detalhes. Se viajar de férias, leia guias de viagem sobre os lugares que for visitar. Pode haver uma história interessante por trás dos nomes desses lugares que pode facilitar sua memorização.

Do mesmo modo, ao conhecer pessoas, interesse-se por elas. Faça perguntas sobre elas, sobre suas famílias e sobre o lugar onde moram. Se estiver a serviço, é provável que conhecerá outras pessoas do ramo. Isso ajudará a enriquecer o Mapa Mental que você elabora a respeito delas. Depois de encontrar alguém que você faz questão de lembrar, reveja mentalmente essa pessoa uma vez ao dia durante sete dias seguidos. Use a imaginação para fazer com que os detalhes que você destacou com relação a ela fiquem gravados em sua mente.

3 VISUALIZAÇÃO

Depois de conhecer uma pessoa e de falar sobre os interesses dela, use a imaginação para visualizá-la fazendo as coisas que ela mais gosta. Por exemplo, se ela costuma esquiar, imagine-a zunindo pelas encostas cobertas de neve num dia ensolarado. Se ela mora no campo, imagine a casa dela cercada de verdes prados. Além de tornar a conversação mais interessante para o seu cérebro, a associação com uma imagem específica, com um local ou com uma sensação ajudará a gravar essa pessoa na memória.

4 ATENÇÃO

Interesse e atenção devem andar juntos. É falta de delicadeza fazer uma pergunta a alguém e logo dar-lhe apenas metade da atenção enquanto o seu olhar percorre a sala em busca de um interlocutor que lhe interesse mais. Prepare-se para ser surpreendido pelas pessoas que você encontra, em vez de ver a formação de uma rede de relacionamentos como uma tarefa entediante.

5 A MEMÓRIA COMO PASSATEMPO

Se fizer da memória um passatempo, você apreciará o desafio e o verá como um jogo divertido, e não como uma tarefa impossível. Incentive os seus colegas a fazer a mesma coisa, caso exerçam a mesma atividade. Testem uns aos outros com relação aos nomes das pessoas e sobre o que fazem na empresa. Veja se você consegue lembrar-se de fatos interessantes sobre elas (não deixando de acrescentá-los aos seus Mapas Mentais quando retornar à sala de trabalho). Isso terá efeitos de longo prazo importantes sobre o seu negócio; em pouco tempo você abordará qualquer situação com toda a confiança, munido de conhecimento sobre as pessoas que encontra.

Conhecimento é poder em qualquer situação de negócios. E mais, os seus clientes, consumidores e sócios ficarão lisonjeados por você se dar ao trabalho de se lembrar de tanta coisa a respeito deles. Além de fazerem um grande esforço com relação a você e ao seu grupo no sentido de retribuir o favor, também haverá maior probabilidade de eles fazerem negócios com você, e não com os seus concorrentes.

Enfrentando a concorrência

Saber administrar inclui conhecer a concorrência, mas sem deixar-se obcecar por isso. É essencial tomar todas as medidas para atrair o maior número possível de consumidores em potencial para o seu negócio. Para que isso aconteça, o que quer que você ofereça deve ter sempre alguma coisa mais do que o produto do concorrente.

Com esse objetivo, é um exercício valioso criar um Mapa Mental das empresas concorrentes. Por exemplo, se você dirige um salão de beleza e abrem outro salão na mesma rua, você precisará proteger a sua clientela descobrindo exatamente o que o novo salão oferece.

MAPA MENTAL DA CONCORRÊNCIA

Antes de começar a montar o Mapa Mental da concorrência, você precisa pesquisar sobre ela, incluindo detalhes da estrutura da empresa, do que ela oferece e de quanto cobra:

1 Desenhe um Mapa Mental com a empresa concorrente no centro.
2 Nos ramos principais, inclua a administração e o pessoal da empresa, seus clientes e a localização. Acrescente também os pontos fortes e fracos e ainda possíveis pontos de venda exclusivos do novo salão.

3 Inclua detalhes nos ramos secundários. Assim você terá uma ideia mais clara do concorrente e verá o seu próprio negócio sob uma nova luz. Nessa fase você deve examinar mais detidamente os pontos de venda exclusivos da concorrência. Talvez você descubra que pode facilmente igualar-se a ela ou mesmo superá-la.

Veja em que aspectos o Mapa Mental da sua empresa se sobrepõe ao da concorrência. Assim você terá a representação gráfica dos pontos em que você está à frente do jogo e de onde tem alguma base para projetar-se. A partir daí você pode elaborar o Mapa Mental de um plano de ação.

Compreendendo o comportamento do cliente

Em qualquer negócio, você tem assegurados pedidos regulares dos clientes se compreender as simples verdades a respeito de quem eles são e do que querem.

Ser proativo em vez de reativo rende dividendos nos negócios. É por isso que é um exercício valiosíssimo monitorar continuamente o comportamento dos seus clientes com Mapas Mentais. Com esse procedimento você terá condições de identificar fatores como concorrência, tendências do consumidor e mudanças na cadeia da oferta e da demanda – e como eles podem estar afetando o seu negócio.

Você também terá uma ideia dos padrões de consumo relacionados com o seu produto ou serviço em particular. Quer a sua empresa seja grande ou pequena, os benefícios de dedicar tempo e esforço para refletir sobre o que você está fazendo e como sua ação se encaixa no panorama geral é vital para o sucesso do negócio.

O mecanismo de sucesso TEAVAS pode entrar em ação aqui (*ver* pp. 60-64). Peça uma avaliação aos seus clientes para que você possa examinar e ajustar a sua empresa a fim de manter o seu sucesso.

Administrando a fidelidade do cliente

Como os mercados estão repletos de empresas, a sua precisa destacar-se na multidão. Um método cada vez mais popular adotado pelas empresas para manter seus clientes é a Gestão de Relacionamento com o Cliente (CRM – Customer Relationship Management).

Sucesso da CRM na Tesco

A cadeia de supermercados Tesco é frequentemente citada como exemplo de uma empresa que atrai e mantém com sucesso a fidelidade dos seus clientes. Ela preserva a proximidade com seus clientes por meio do seu principal instrumento de CRM, o Clubcard.

Por meio do Clubcard, a Tesco recolhe informações valiosas sobre os seus clientes. Assim ela pode enviar-lhes ofertas promocionais, informadas por seus hábitos de compra. Suas malas diretas chegam a todos os que compram na Tesco, desde apreciadores de vinho até pais que conhecem o valor de um único centavo. O programa CRM contribuiu decididamente para o sucesso da cadeia – em 2003, a Tesco anunciou um aumento nos lucros anuais de £1.3 bilhões e uma elevação de 7% nos lucros operacionais.

A Tesco também alterou a percepção da marca de barato e alegre para amistoso e "ao lado do consumidor". Isso lhe possibilitou realizar experimentos com outros métodos de conquista da fidelidade do cliente, como Tesco.com – um dos sites de produtos alimentícios mais consultados no Reino Unido – e a Tesco Baby and Toddler Club por meio dos quais os pais podem obter informações em salas de bate-papo administradas pelo parceiro online da Tesco, www.ivillage.co.uk.

Com o auxílio de um Mapa Mental, pense em maneiras pelas quais sua empresa pode desenvolver seu relacionamento com os clientes aplicando técnicas de CRM.

MAPA MENTAL DAS TÉCNICAS DE CRM

1 *Desenhe um cliente satisfeito no centro do Mapa Mental.*

2 *A partir da imagem central desenhe ramos principais que identifiquem recursos de CRM como "esquemas de lealdade", "ofertas", "vales-brin-*

de", "pré-lançamentos", "clubes especiais", "salas de bate-papo" e "eventos".

3 *Desenvolva ramos secundários, examinando mais detalhadamente os recursos CRM que você tiver à mão.*

4 *Em seguida, com lápis ou canetas coloridas, priorize cada recurso CRM em termos dos seus clientes, indicando os que teriam maior significado para eles. Por exemplo, se os seus clientes têm consciência do valor, vales-brinde podem ser uma boa maneira de conquistar a lealdade deles. Se a maioria acessa a Internet, comunicar-se com eles por meio de salas de bate-papo ou com ofertas online pode ser um modo mais eficiente de prender a atenção.*

5 *Use o seu Mapa Mental como roteiro para debates no grupo sobre o modo de aprimorar o seu relacionamento com os clientes.*

Aperfeiçoar o desempenho com consultas ao cliente

Se a sua empresa está com um desempenho aquém do esperado, o seu primeiro passo no caminho para a recuperação é criar um Mapa Mental da real situação da empresa. Você obterá os melhores resultados se envolver no processo todos os membros da sua equipe e também os clientes.

MAPA MENTAL DA AVALIAÇÃO DO CLIENTE

Peça a todos os que trabalham para a empresa que apontem três coisas de que gostam e três coisas de que não gostam com relação à empresa. Depois peça a todos os que têm contato com os clientes que lhes apresentem a mesma questão.

Não se acanhe em ser direto com os clientes; eles apreciarão a sua disposição de melhorar e irão cooperar com todo o prazer, pois em última análise esse exercício os beneficiará.

Coteje todas as respostas e depois utilize-as para preparar um mega-Mapa Mental:

1 *Coloque a sua empresa como imagem central do Mapa Mental.*

2 *Desenhe ramos principais a partir da imagem central representando temas recorrentes na sua avaliação. Esses podem incluir áreas como "serviço ao consumidor", "realização" e "comunicação".*

3 *Explore um plano de ação criando ramos secundários claramente voltados às áreas que precisam de mais atenção.*

Esse Mapa lhe dará um sentido claro da direção a seguir tendo o cliente como centro. As mensagens desse Mapa Mental precisam ser comunicadas a toda a organização. Pode ser proveitoso expor os resultados também aos clientes, destacando, onde possível, como você pretende agir com base nos resultados.

Administrando o seu ambiente empresarial

Um aspecto menos considerado e, no entanto, muito importante da liderança é o de proporcionar aos membros do seu grupo condições ambientais ótimas para que cumpram suas funções.

Estudos mostram que o ambiente de trabalho exerce uma influência profunda sobre a saúde, o estado de espírito, a atitude e energia dos que trabalham nesse ambiente. Isso, por sua vez, reflete-se na criatividade, na produtividade e no sucesso do grupo.

Um ambiente ideal é aquele que estimula os sentidos e mantém o cérebro alerta e ativo, criando o tipo de lugar prazeroso de se estar. Quando um ambiente de trabalho não tem nenhuma dessas características, os que precisam frequentá-lo não se sentirão bem em estar nele.

Um administrador precisa ter consciência da importância crucial do ambiente de trabalho e empenhar-se em torná-lo o mais acolhedor e estimulante possível.

Os Mapas Mentais estão levando muitas organizações profissionais a concluir que seus ambientes precisam ser mais como jardins de infância. A justificativa dessa percepção está na talvez surpreendente revelação de que as pessoas trabalham melhor quando brincam. Como disse Hipócrates: "Não verás nada tão sério como uma criança brincando."

Uma sala da mente

Muitas empresas perceberam a importância do ambiente de trabalho. A empresa finlandesa Digital Equipment projetou um escritório inteiro com Mapas Mentais. Eles criaram um ambiente exclusivamente para promover a estimulação do cérebro e a saúde física.

Salen, o grupo sueco voltado para o transporte, usou Mapas Mentais para projetar uma "sala da mente" com o objetivo de estimular e relaxar a mente. Eles chegaram a isso com um cuidadoso uso de cor e arte, com Mapas Mentais e com jogos desafiadores, como xadrez e o jogo do Go.

A WH Smith está criando um ambiente propício ao desenvolvimento do cérebro com a finalidade de estimular e promover a criatividade. Para isso a empresa adotará:

- Luz
- Arte
- Plantas
- Texturas
- Cores
- Mapas Mentais

No ambiente de trabalho apropriado, a imaginação fica livre, a criatividade aumenta e, como a nossa tendência é nos cansar menos quando brincamos, a energia e a persistência se intensificam.

Mudar e otimizar o ambiente empresarial é a oportunidade perfeita para criar Mapas Mentais com todo o grupo. Cada membro da equipe pode apresentar sugestões para melhorias que podem ser incluídas num Mapa Mental e analisadas em conjunto.

Como qualquer maquiagem, essa não precisa ser uma iniciativa dispendiosa – tudo o que é preciso é um pouco de flexibilidade e disposição para ouvir. E a vantagem é que isso reforça o moral e demonstra o valor de se trabalhar como grupo.

A boa liderança obtém resultados

Os melhores administradores são aqueles que sabem como canalizar os pontos fortes das pessoas que eles conduzem a sucessos sempre maiores. Eles dão apoio ao seu pessoal em seus erros e fraquezas e usam esses erros e fraquezas como oportunidades para aprender e para o sucesso futuro.

Toda pessoa que aspira a ser um bom líder empresarial deveria ter estas qualidades sempre presentes:

- **Conhecimento** – Para os bons líderes, é prioridade conhecer sua empresa, seu pessoal, os consumidores e os clientes. Eles sempre procuram aperfeiçoar-se, ampliar suas aptidões e partilhar sua experiência com suas equipes.
- **Confiança** – Bons líderes confiam nas suas equipes. Eles sabem que as pessoas com quem trabalham são competentes – afinal, foram eles que as contrataram.
- **Elogio** – Bons líderes elogiam quando um trabalho é bem feito. E sempre dão o crédito a quem é devido, sem apropriar-se dos méritos alheios.
- **Visão positiva do fracasso** – Bons líderes veem o fracasso como oportunidades para aprender e não para promover uma cultura de condenação e humilhação. Eles utilizam o mecanismo de sucesso TEAVAS, sabendo que o fracasso é um elemento essencial para o sucesso.
- **Incentivo** – Líderes modernos superaram o estilo agressivo de gestão. No lugar dessa prática, eles estimulam a criatividade, o crescimento, o aprendizado, a responsabilidade e o trabalho em grupo.
- **Saber ouvir** – Bons líderes ouvem mais do que falam, porque estão sempre ansiosos por aprender.

Lidere sempre o seu grupo por meio do exemplo e demonstre a visão, o comprometimento e a integridade que você espera dele.

6

Assédio

moral

na empresa

Existem pessoas prepotentes e opressoras em todas as esferas da vida, e o ambiente de trabalho não foge à regra. Na realidade, o problema está no próprio opressor, que, além disso, não tem confiança nem habilidades sociais para interagir com outros de maneira responsável e sensata. Mas esse fato não impede que suas ações contaminem a vida das demais pessoas. Neste capítulo, examinamos o assédio moral na empresa e indagamos como podemos usar Mapas Mentais para lidar com essa questão.

O assédio moral pode manifestar-se de várias maneiras e é definido como o comportamento que fere ou causa sofrimento por aproveitar-se da vulnerabilidade da vítima. Podemos distribuir todos os tipos de assédio moral ao longo de um espectro contínuo que abrange desde os mais brandos até os mais agressivos – o abuso físico pode variar de beliscões e empurrões até ataques graves; o abuso verbal pode ser uma ofensa involuntária ou constituir-se de ameaças, intrigas maldosas e propagação de boatos difamatórios; interferir nas posses de outra pessoa também é um tipo de assédio moral. Por fim, o assédio sexual de qualquer natureza também é um tipo de assédio moral, seja ele expresso por meio de comentários impróprios ou de ações.

Como vimos, um ambiente de trabalho saudável é aquele em que os componentes do grupo podem manifestar suas aptidões plenamente num clima positivo. Embora quase todos os locais de trabalho possam às vezes ser a causa de situações estressantes, a provocação de distúrbios, em qualquer grau que seja, é inaceitável em termos pessoais e maléfica para o grupo como um todo. O assédio moral é um dos principais fatores de desagregação nas empresas. Ele cria uma atmosfera de opressão, depressão e medo, e tudo isso seguramente reduz a eficiência e a eficácia de indivíduos e organizações. Com isso em mente, é salutar tanto para líderes como para integrantes de equipes abordar a questão do assédio moral.

O gigante amistoso

Cerca de 15 anos atrás, eu estava desenvolvendo um projeto para a cadeia varejista Littlewoods. Um dos gerentes mais antigos era um homem alto e fisicamente robusto, com voz tão retumbante que as paredes chegavam a vibrar quando ele falava.

Alguns funcionários haviam me dito que ele era um ditador, impondo-se a todos e dando ordens indiscriminadamente. Diziam sentir-se apavorados.

Em conversa com ele, ao elaborar o Mapa Mental de suas funções na empresa, pedi-lhe que incluísse o que ele achava que o pessoal pensava dele. As palavras que usou conotavam atributos como "cordial", "visionário" e "apoiador". Quando eu lhe disse que alguns o consideravam um ditador, seu semblante assumiu uma expressão de tristeza e espanto.

Muito simplesmente, ele não havia percebido que a combinação da sua presença física imponente com seu entusiasmo e paixão pelo trabalho repercutia nos funcionários como arrogância e prepotência.

Posteriormente, reuni todos os envolvidos e comparamos os Mapas Mentais relacionados com essa pessoa. Para surpresa de todos, os Mapas eram muito semelhantes, e a dificuldade era apenas de interpretação. Os funcionários compreenderam que ele era de fato um excelente supervisor, e ele por sua vez aprendeu que daí em diante deveria expressar-se física e verbalmente de maneira clara e inequívoca.

Sem dúvida, existem opressores no local de trabalho e, se as estratégias aqui descritas não resolvem a situação, medidas devem ser tomadas por meio dos canais competentes. No entanto, há ocasiões em que o assédio moral é um estado mental, podendo resultar da percepção errônea de uma situação ou de um diálogo interior negativo consigo mesmo (*ver* pp. 185-186).

Como demonstra a história acima, é importante dar-se conta de que o comportamento prepotente pode não ser intencional. Em geral o problema é de percepção e de falta de comunicação clara. Com Mapas Mentais elaborados regularmente com o grupo, qualquer problema pode ser detectado e tratado, ao mesmo tempo que ideias equivocadas podem ser eliminadas nos estágios iniciais, antes de se enraizarem e assumirem dimensões desproporcionais. Se você tem dúvidas sobre a existência de linhas cruzadas, converse com a pessoa envolvida e avalie essa possibilidade.

Assédio moral no trabalho

Se você já ouviu a si mesmo, algum amigo ou familiar dizendo algo como o que segue, pode ser que você tenha sido vítima de assédio moral no trabalho:

> *"Nunca sou reconhecido pelas coisas que faço."*
> *"Odeio o meu chefe!"*
> *"Tenho a impressão de estar sempre sendo criticado."*
> *"Eles fazem me sentir como se eu fosse nada."*
> *"Ela é uma controladora compulsiva."*
> *"Não confio no meu chefe de modo nenhum. Sua única preocupação é ser bem visto pelos diretores."*
> *"Não sei o que há de errado comigo ou o que estou fazendo de errado, mas tenho a sensação de estar sempre sendo bombardeado por causa de alguma coisa."*

Tiranos contaminam a atmosfera em qualquer local de trabalho, levando todas as pessoas do grupo à tensão e ao medo. Tiranos obstruem a energia e a produtividade. Seu humor afeta tudo e caracteriza-se pela inconstância: eles podem estar num excelente humor num dia, significando que o grupo relaxa e se transforma num viveiro de criatividade... até o dia seguinte em que o tirano volta aos seus velhos truques. E sejamos claros com relação a um ponto aqui: na realidade, opressores no local de trabalho podem ser tanto do sexo masculino quanto do feminino.

> ## *Malevolência e sabotagem*
>
> Alan era muito considerado pelos colegas por seu conhecimento técnico e porque trabalhava bem em equipe. Havia três encrenqueiros no grupo, porém, e qualquer tentativa de conseguir a cooperação deles era simplesmente ignorada ou respondida com um "Estou muito ocupado". Aos poucos eles foram criando um clima de hostilidade contra Alan, de quem se ressentiam por sua capacidade e confiabilidade, além da sua disposição para trabalhar noite adentro.
>
> Logo mensagens enganosas relacionadas com pedidos forjados para contatar outros membros do grupo foram postas sobre a mesa de Alan. Os três espalharam boatos malevolentes, difamatórios e maldosos, o que resultou em sabotagem do trabalho em que Alan estava envolvido. Os demais membros do grupo acabaram tão intimidados pelos três, que evitavam qualquer contato social com Alan. Alan sentiu as condições de trabalho tão insuportáveis que pediu demissão.

As pessoas que praticam o assédio moral bloqueiam a criatividade e a imaginação, pois os alvos do assédio fixam-se cada vez mais no comportamento do assediador e não em suas próprias ideias ou pensamentos criativos. No fim, as vítimas recolhem-se em si mesmas e têm enorme dificuldade de perceber o quadro mais amplo, quanto mais contribuir com ele. (Recomendo que você visite **www.bullyon-line.org** para entender melhor como reconhecer esses agressores morais e seu comportamento, e também que leia os meus dois livros, *O Poder da Inteligência Social* e *O Poder da Inteligência Espiritual*.)[*]

---

[*] Publicados pela Editora Cultrix, São Paulo, 2005.

Do pátio da escola ao local de trabalho

Quando criança, você provavelmente conheceu o "valentão", o colega briguento. Ameaçador e violento, ele deixava claro que o pátio da escola era território dele. Quem quer que atravessasse o seu caminho, logo entenderia quem estava no comando.

O valentão no trabalho não é diferente. Ele ainda é uma criança insegura e se comporta de maneira imaturo, bandeando-se com alguns colegas, isolando outros. E como uma criança em busca de atenção, ele tem necessidade de dominar qualquer situação.

Os valentões acham impossível assumir responsabilidade por seu comportamento. Caso alguma coisa dê errado, eles são os primeiros a apontar o dedo da acusação em vez de responder por seus atos. Eles acham correto ter essa atitude e consideram direito seu comportar-se dessa maneira.

As raízes do assédio moral no trabalho

Com o expediente de trabalho mais longo da Europa, o Reino Unido é especialmente suscetível ao assédio moral no trabalho. A Associação de Sindicatos Ingleses estima que quatro milhões de pessoas trabalhem regularmente mais de 48 horas semanais, o que significa que o trabalhador comum deixa de receber em torno de £5.000 anuais.

Quando consideramos o fato de que os gerentes muitas vezes foram promovidos às suas posições sem qualquer experiência ou treinamento administrativo prévio, temos o tipo de ambiente tenso em que se desenvolvem os que praticam o assédio moral.

Como eles são inseguros em suas novas funções, muitos desses gerentes inexperientes esforçam-se para impor-se por meio da agressividade ou da rigidez. Isso os transforma em ditadores em vez de administradores, com efeitos potencialmente devastadores sobre o pessoal e sobre os processos que deveriam supostamente gerenciar.

O custo do assédio moral

Caso você trabalhe num departamento de recursos humanos, precisa compreender os efeitos destruidores do assédio moral. Baseado no que você conhece desse mal, construa Mapas Mentais das suas consequências em grande e pequena escala.

O IMPACTO DO ASSÉDIO MORAL NAS ORGANIZAÇÕES

Comece com um Mapa Mental que mostre como uma cultura de assédio moral pode afetar a sua empresa como um todo, observando-a de uma perspectiva tanto interna quanto externa.

1 *Como imagem central, desenhe a caricatura de um praticante do assédio moral.*

2 *As palavras que identificam os ramos principais podem ser "absenteísmo", "moral", "imagem" e "clientes". Explore qualquer outro tema que seja apropriado para a sua indústria ou local de trabalho.*

3 *Nos ramos principais, desenhe ramos secundários que aprofundem cada questão. Por exemplo, de "absenteísmo" poderiam derivar "stress" e "produtividade"; para "imagem", leve em consideração que "acionistas" e "investidores" pensarão duas vezes antes de se envolver com uma organização que tem reputação de ser condescendente com o assédio moral relacionado com sua força de trabalho.*

4 *Use cores e figuras no Mapa para tornar as mensagens ainda mais claras. Esse é um Mapa Mental importante que deve ser aprendido e absorvido, por isso você obterá dividendos se dedicar algum tempo para memorizá-lo.*

5 *Mostre o Mapa Mental para os demais integrantes do seu grupo para que todos tenham clareza sobre a natureza destrutiva do assédio moral.*

Em seguida desenhe um segundo Mapa Mental que analise o assédio moral do ponto de vista do alvo.

O IMPACTO DO ASSÉDIO MORAL SOBRE O INDIVÍDUO

1 *Como centro deste Mapa Mental, desenhe uma imagem ou use uma fotografia de alguém que foi vítima de assédio moral. A pessoa pode parecer raivosa, deprimida ou derrotada.*

2 *Os ramos principais podem incluir palavras como "raiva", "escapismo", "relacionamentos" e "stress".*

3 *Aprofunde as questões dos ramos principais criando ramos secundários. Distúrbios relacionados ao stress como consequência direta do assédio moral incluem:*

- *Depressão*
- *Distúrbio pós-traumático*
- *Síndrome da fadiga crônica*
- *Alopecia*
- *Insônia*
- *Problemas de pele*

Em "relacionamentos", analise a responsabilidade do assédio moral em termos do rompimento de relações e de desagregação da vida familiar. Para "medo", considere que mesmo personalidades fortes foram afetadas pelo assédio moral e se tornaram sombras assustadas e confusas dos seus eus anteriores. Tomadas pela culpa, elas sentem de algum modo que é culpa delas o fato de serem vítimas; elas ficam constrangidas e envergonhadas do que percebem ser suas próprias fraquezas.

4 *Novamente, mostre a todos na empresa esse Mapa Mental para que tomem consciência dos efeitos perniciosos do assédio moral.*

Com esses dois Mapas Mentais você terá dado um passo importante para eliminar o assédio moral na sua organização.

> ## *Médicos em risco*
>
> A profissão médica é um alvo particular do assédio moral. Numa amostra aleatória, mil médicos atuando em diferentes especialidades para o Serviço Nacional de Saúde foram consultados pela British Medical Association News Review sobre o assédio moral no local de trabalho. As respostas foram desconcertantes. Um em cada três pesquisados disse que havia sido vítima de assédio no ano anterior. A história é a mesma nos Estados Unidos, onde estudos mostraram que estudantes de medicina sofrem maus-tratos ou perseguições durante o período de estudos.

Os profissionais competentes e o assédio moral

Esse é o título da página "Assédio Moral no Trabalho" da **www.bullyonline.org** – a página da UK National Workplace Bullying Advice Line. Se você é, ou já foi, assediado moralmente no trabalho, talvez a estatística seguinte possa trazer-lhe algum consolo: em pelo menos 95% dos casos de assédio moral denunciados à UK National Workplace Bullying Advice Line, a pessoa foi escolhida como vítima *por ser competente na sua atividade e popular com as pessoas.*

Essa explicação é corroborada por pesquisas realizadas pelo Workplace Bullying and Trauma Institute (**www.bullyinginstitute.org**) que tem por objetivo ajudar pessoas e organizações nos Estados Unidos e no Canadá. Em seu relatório de 2003 sobre locais de trabalho abusivos, os cinco principais motivos que levam pessoas a ser alvos de assédio moral eram:

1 Eu preservei a minha independência, não aceitando ser controlado nem subserviente (70%);
2 Minha competência e reputação estavam ameaçadas (67%);
3 A personalidade do praticante do assédio moral (59%);
4 O fato de eu ser estimado pelos colegas e clientes (47%);

5 Como retaliação por eu denunciar conduta antiética ou ilegal; delator (38%).

Isso mostra claramente que um praticante do assédio moral é fraco, inseguro, confuso e irresponsável. Por outro lado, os alvos mais prováveis desse opressor são pessoas profissionais, responsáveis e populares.

Compreendendo o praticante do assédio moral

Para entender o assédio moral no trabalho, é de grande utilidade traçar o perfil da personalidade do assediador por meio de um Mapa Mental. Bastará então um relance para você lembrar por que essa pessoa age desse modo. Quer você mesmo seja objeto do assédio, quer esteja tentando resolver esse problema no seu grupo, do mesmo modo como acontece com a aquisição de conhecimento em outros contextos, esse é um processo de afirmação da autonomia pessoal e grupal.

MAPA MENTAL DO ASSEDIADOR

1 Desenhe a imagem do assediador no centro do Mapa Mental e escreva "assediador" em letras grandes junto à figura.

2 Nos ramos principais, escreva palavras que descrevam o assediador. Talvez sejam apropriados termos como "invejoso", "pernicioso", "inseguro", "infeliz", "violento" e "irresponsável". O número de escolhas é ilimitado.

3 Nos ramos secundários, dê exemplos de atitudes congruentes com os qualificativos dos ramos principais. Por exemplo, o assediador manipula servindo-se de jogos mentais? Ele tem favoritos numa semana e se desfaz deles como ferro quente na semana seguinte? Ou é controlador no sentido de ditador que precisa ter a última palavra sobre tudo?

4 Se houver no grupo mais de uma pessoa vivendo uma experiência semelhante como vítima, inclua o comentário dela ou delas no Mapa Mental. Use cores diferentes para representar cada depoimento, pois as experiências podem ser ligeiramente diferentes.

5 Inclua também possíveis novos exemplos do comportamento do asse-diador. O simples fato de manter um breve registro desse comportamento fará com que você se sinta fortalecido e no controle da situação. Você também começará a perceber padrões no assédio moral que ajudarão a reconhecer e então antecipar o comportamento agressivo.

A escolha da tática

Concluído o Mapa Mental, você terá várias escolhas à disposição. Essas alternativas compõem, com uma análise da personalidade do assediador, o Mapa Mental colorido "Assédio Moral na Empresa". Possíveis ações incluem:

Compreender

Inicialmente, procure compreender mais do que ser compreendido. Todos os seres humanos procuram ser compreendidos e esse é um sentimento que você pode alimentar. Faça um pequeno esforço e procure atender ao anseio humano básico do assediador de ser compreendido. Lembre-se, ele é fundamentalmente inseguro. É provável que por trás da fachada desse comportamento agressivo imaturo exista uma pessoa solitária procurando desesperadamente amor e aprovação. Não é tarefa sua fazer isso – você está na empresa para ganhar a vida – mas um pouco de empatia e compaixão pode ajudar muito.

Evitar provocações

Embora o assediador o irrite, evite provocações que o levem a criticar a si mesmo ou a descontar nos seus amigos, familiares e colegas. Do mesmo modo, não enverede pelo que poderia parecer um caminho fácil e um refúgio na comida ou no consumo excessivo de álcool, cigarros e outras drogas. A melhor maneira de conduzir-se quando você é objeto de assédio moral é orgulhar-se e fortalecer a sua autoestima *não* reagindo de modo negativo. Na natureza, os fracos é que são subjugados, e portanto, ao assumir um comportamento de vítima, você se torna um alvo ainda mais cobiçado. Ao mesmo tempo, também é interessante captar os sinais e aprender a evitar pôr-se na linha de fogo. Não pense que isso seja fraqueza de sua parte. Simplesmente mostra que você não está preparado para jogar o jogo do assediador. (*Ver* "O revide", p. 184)

Controlar a raiva

Não surpreende que um assediador o faça espumar de raiva. Isso talvez aconteça porque ele:

* Insultou você;
* Questionou a sua integridade profissional;
* Apropriou-se de uma ideia criativa sua;
* Incriminou-o por alguma coisa errada que você não cometeu.

No entanto, caso você seja foco da atenção de um assediador, quanto mais hostilmente você reagir, maior a probabilidade de que ele torne a atacá-lo. Por outro lado, se você evitar provocações e controlar a raiva, afastando-se de situações com sua dignidade e humor intactos, o assediador deixará de receber a gratificação que desejava. Embora a curto prazo isso possa levar a uma escalada nas tentativas de assédio, é provável que em pouco tempo elas arrefeçam. Quanto mais você se mostrar indiferente à situação, menor a probabilidade de transformar-se em alvo, pois o assediador se intimidará diante da atitude de autoafirmação que você acaba de adotar.

A FORÇA DA VISUALIZAÇÃO

Lembre-se que um Mapa Mental é um gráfico, e como tal é um recurso poderoso de visualização, porque combina muitas imagens interligadas numa única imagem-mestra.

Assim, diante de um praticante do assédio moral, tenha sempre um Mapa Mental à mão para visualizar tanto a estratégia como a tática a adotar para reverter o comportamento do agressor para sua (mútua) vantagem.

1 *Durante alguns minutos, imagine-se numa situação de assédio moral típica. Consulte os Mapas Mentais elaborados para que lhe sirvam de inspiração.*
2 *Visualize a situação nos mínimos detalhes. Dessa vez, porém, imagine sua reação a uma das habituais investidas do agressor. Você se mantém calmo e senhor de si.*
3 *Nesse estado de espírito, você retoma a sua tarefa com elegância e dignidade, aparentemente incólume aos comentários hostis e insultuosos do opressor.*

Suponha que o agressor viva lhe dizendo que o seu trabalho está aquém do esperado, apesar de você investir muito tempo e esforço nas suas tarefas e ainda exceda o limite das suas obrigações. Sua reação normal à crítica é lastimar-se e abrir-se com um colega. Você começa com lamúrias e lamentações que continuam depois do expediente reforçadas com algumas doses de bebida alcoólica. Você volta para casa, abatido e esgotado, e, depois de uma noite de sono agitado, retoma o trabalho ainda se sentindo sufocado pela raiva que o consumiu no dia anterior.

Mas se você praticou a visualização todos os dias durante uma semana, os comentários humilhantes não se fixarão com facilidade. Na vez seguinte, você não se lastimará nem mergulhará na tristeza; simplesmente observará que o agressor está tentando ser maldoso. Como reação, seja gentil em seus contatos com ele, durante e depois do ataque, e quando ele terminar, retome a sua tarefa como se nada importante tivesse acontecido. Outros seguirão o seu exemplo, e em pouco tempo o assediador deixará de importuná-lo, entendendo que se trata de uma batalha perdida. Ele pode inclusive perceber que, num lugar com tantas pessoas assim, educadas e de bons modos, simplesmente não há espaço para agressões e grosserias.

Confrontar

Uma ação possível é confrontar o assediador, usando o seu Mapa Mental para explicar a situação e sugerir soluções. Embora o confronto nem sempre seja uma tática que leve ao sucesso – alguns problemas do praticante de assédio moral estão arraigados – desde que se sinta em terreno firme, você não tem nada a perder nesse confronto; pelo contrário, só tem a ganhar.

Alguns agressores não têm consciência dos efeitos nocivos que seus comentários e ações podem produzir (*ver* "O gigante amistoso", p. 170). Entretanto, o fato de recorrer a um Mapa Mental mostra que você tem a intenção de mudar essa situação e demonstra sua força e vontade de resolvê-la em definitivo.

É preciso estômago para aguentar um assediador. Você não só conquistará o respeito dos seus colegas e do próprio agressor, mas também aumentará o respeito que tem por si mesmo. A sua abordagem direcionada e a maneira direta de expressar-se podem estimular o agressor a adotar um modo mais adequado de trabalhar. Se o problema continua e você precisa levá-lo adiante, é importante que tenha tentado resolver a situação de modo responsável e maduro.

Procurar orientação

Procure orientação sempre que possível. O assédio moral é um problema tão disseminado que é grande o número de pessoas que o conhecem, sob uma forma ou outra. Talvez você possa falar sobre ele fora do ambiente de trabalho com amigos ou com a família. O seu Mapa Mental será um documento muito útil e interessante para dividir com eles. Alternativamente, talvez você tenha um colega que saiba impor-se ao agressor de um modo especialmente eficaz. Nesse caso, procure essa pessoa e pergunte-lhe sobre as táticas que usa. É recomendável manter essas consultas o mais informais e discretas possível, procurando apenas contatos que lhe inspiram total confiança por sua discrição. Além disso, existem organizações *online* que têm muita experiência nesse campo e que podem oferecer-lhe ótimos conselhos (*ver* p. 176).

Por fim, haverá ocasiões em que o assédio moral é tão extremo que ações mais efetivas devem ser consideradas, em termos de consulta a líderes de grupos, administradores de pessoal ou representantes de sindicatos. Essa não é uma decisão a ser tomada levianamente, mas se você se portou como sugerido aqui, mantendo um Mapa confiável de tudo o que aconteceu, o seu respeito por si mesmo aumentará, como também a admiração dos seus amigos e colegas.

Manter uma atitude positiva

Depois de trabalhar com praticantes do assédio moral durante algum tempo, a sua confiança pode estar tão abalada que você passa a acreditar nos comentários negativos e abusivos dirigidos contra eles.

O conselho de Janine, que já foi vítima de assédio moral no trabalho, é: "Eu sei que é difícil, mas procure manter uma atitude positiva e não desanime, porque se isso acontecer, o agressor vence novamente."

Você extrairá força interior e orgulho do fato de não deixar que os problemas do agressor transtornem ou prejudiquem a sua vida. Você sabe de onde vêm as agressões, e fará tudo o que for necessário para abrandar a situação, mas, enquanto isso, mantenha-se calmo, sorridente e feliz, seguro de si mesmo.

Decepção no trabalho

Depois de sofrer assédio moral, talvez você se torne muito sensível a comentários ou reações contrárias no trabalho. É importante ficar atento a isso e ver as situações da perspectiva de outras pessoas.

A pior coisa que você pode fazer quando um agressor lhe causa uma grande decepção é tornar-se defensivo. Por difícil que possa ser,

Mantendo as coisas em perspectiva

Imagine que, graças aos Mapas Mentais, você tem ideias criativas em abundância e não receia assumir riscos. Mas ao entrar a passos largos e confiantes na sala do seu chefe e lhe apresentar com toda convicção a última ideia num Mapa Mental, ele não demonstra nenhum entusiasmo e parece determinado a deixar claro que ela não tem toda a importância que você lhe atribui. Como você reage a esse desapontamento e ao mesmo tempo mantém a harmonia no local de trabalho? Pode ser que o seu chefe estivesse apenas aproveitando a situação para atormentá-lo e fazê-lo desistir, mas poderia também ser que houvesse outras razões para essa atitude. Em vez de deixar-se afetar em demasia, tenha em mente os seguintes aspectos:

1 **Percepção do momento oportuno** – Escolha o momento certo. Se o seu chefe esteve participando de uma reunião durante todo o dia, e você se apresenta antes que ele tenha podido tomar um copo de água ou dar uma olhada na correspondência, é muito provável que ele não estará no humor mais receptivo para envolver-se com você e com a sua ideia.

2 **Esteja sempre preparado para melhorar** – Se você aceita que uma ideia sempre pode ser melhorada, na hipótese de enfrentar uma situação em que o seu chefe diz que não gosta de uma ideia apresentada, você pode perguntar-lhe que objeções específicas ele teria. Talvez ele goste de uma parte apenas da ideia, não de toda ela. Talvez ele queira ampliá-la ou conduzi-la numa direção ligeiramente diferente. Esteja preparado para ceder e analisar a sua ideia em vez de assumir uma atitude definitiva e não se dispor a ser flexível e receptivo à contribuição dele.

3 **Não insista** – Se o seu chefe não gosta realmente da sua ideia, esteja preparado para abandoná-la. Não fazendo isso, você só sofrerá e terá mais tensão a longo prazo. Em vez disso, redirecione a sua energia para alguma outra coisa e veja se obtém uma resposta mais positiva.

controle a sua reação instintiva de esbravejar em sua defesa. Aguarde um momento em que as coisas estejam mais calmas e então peça ao seu chefe que esclareça o ponto de vista dele. Talvez ele se impressione com a sua habilidade de rever o seu modo de trabalhar e pense duas vezes antes de tomar uma posição tão agressiva contra você no futuro.

Inclua os comentários que ele fizer num Mapa Mental para que ele saiba que você leva a sério o seu desejo de melhorar a qualidade do seu trabalho.

O revide

Vivemos numa cultura em que o revide é apresentado como a ação heroica a praticar. Filmes sem conta, livros e séries de televisão mostram homens e mulheres que defendem sua honra por meios violentos. Um instinto comum ao ser assediado no trabalho é querer revidar. Mas muito pouca gente pode revidar realmente e chegar a um resultado satisfatório. Mais frequentemente, essa atitude complica ainda mais uma situação e ambas as partes acabam aumentando o sofrimento mútuo.

O revide é visto como a única outra opção aos maus-tratos. Mas em geral a melhor tática é afastar-se da pessoa de humor destrutivo e agressivo. Assim como crianças que normalmente precisam de tempo para si mesmas para absorver alguma coisa e aprender com ela, o agressor também precisa desse espaço. Afastar-se não é a mesma coisa que ser "tolo" – ceder e aceitar o que o agressor diz – é simplesmente uma recusa a envolver-se nos jogos mentais negativos de outros.

Armado com os seus Mapas Mentais você é capaz de refletir claramente sobre o seu próprio valor e sobre as suas ações. Se você pode dizer honestamente a si mesmo que fez o melhor e agiu com integridade, as farpas envenenadas dos outros apenas rebaterão em você.

O caminho da harmonia

A prática de uma arte marcial como o aikidô poderá dar-lhe a resistência mental para administrar o conflito de maneira apropriada. Uma prática assim o capacita a enfocar e ter consciência dos aspectos específicos de uma situação, transformando a dinâmica dessa situação numa aplicação positiva, ao mesmo tempo que o protege de toda ação e influência negativas. Contrariamente a muitos mitos de longa data, as artes marciais, e especificamente o aikidô, tratam de encontrar uma solução pacífica, sem apelar para a violência. Por mais destoante que uma situação possa parecer à primeira vista, uma solução pacífica é sempre possível.

Combatendo o agressor em sua mente

Com o aumento da percepção do assédio moral na empresa, ficou claro que praticamente todas as discussões, artigos e livros sobre o assunto giram em torno da ideia de que o assédio moral é perpetrado por uma pessoa contra outra. Na verdade, nada pode estar mais longe da verdade.

De longe, o maior número de agressores está dentro da nossa cabeça, e não fora de nós. O assédio moral em sua cabeça é o "mico nos seus ombros", o seu padrão de pensamento negativo.

A moderna cultura europeia e do Reino Unido está voltada para a detecção de falhas e a correção de erros, e assim de modo inconsciente ela se concentra predominantemente no negativo. E como o cérebro elege como guia ou visão aquilo em que ele se concentra, as pessoas se habituam a fixar-se em seus erros, defeitos e fraquezas. Em consequência, a "conversa consigo mesmo" da média das pessoas pende na proporção de 15-1 para pensamentos negativos, fato que produz um efeito cumulativo de reforço negativo em que cada ideia negativa abre um novo caminho de negação nas células cerebrais. É o Grande Assediador interior. São grandes as possibilidades de que exista um assediador dentro de você, alguém que o recrimina e rebaixa com comentários como:

- "Não consigo fazer isso";
- "Não sou bom";
- "Sou um idiota";
- "As coisas nunca dão certo para mim";
- "Sou um fracasso";
- "Não tenho a energia necessária".

Mas esses comentários não são mais verdadeiros do que aqueles feitos por um assediador exterior. Novamente, eles são manifestações autodestrutivas de sentimentos interiores de insegurança, falta de confiança e de autoestima. Aparentemente, essas expressões de autodepreciação são inofensivas, servindo de saída fácil para situações e desafios que você não quer enfrentar. Na verdade, porém, elas são perniciosas e podem levar a uma espiral descendente de medo, negatividade, desilusão e aversão por si mesmo. Desse modo agrava-se a sua falta inicial de confiança e autoestima.

Mas a vida é para ser vivida, não para fugir. Colocando o assediador interior no seu devido lugar, você estará livre para continuar e interagir intensamente com a vida. Num nível, nem todo desafio que você encontra resultará em sucesso, mas em outro nível, se encarar cada desafio positivamente, honestamente e com o máximo das suas capacidades, você será um sucesso. E como resultado você será mais feliz, mais respeitoso e mais respeitado.

PARA CAPTURAR O ASSEDIADOR INTERIOR

1 *Desenhe uma imagem no centro do seu Mapa Mental que represente o que você imagina ser o seu assediador interior.*

2 *Crie ramos principais para todos os pensamentos negativos que você tenha. Depois, desenhe ramos secundários que expressem os sentimentos que esses pensamentos provocam em você e como podem influenciar o seu comportamento.*

3 Feito isso, componha outro Mapa Mental mostrando como cada pensamento negativo pode ser transformado em pensamento positivo.

No fim de tudo, sente-se e ria diante do teatro absurdo que tudo isso representa e sinta-se livre. Espante o mico do seu ombro e libere a força criativa positiva que está dentro de você.

Coloque o assédio moral no seu devido lugar

O assédio moral no trabalho é algo de que todas as empresas – e todos os que trabalham nelas – podem prescindir, mas que às vezes precisam encarar. Todos os assediadores morais procuram os fracos e vulneráveis, e assim a melhor maneira de combater todos os tipos de assédio (interior e exterior) é fortalecer-se. Como vimos em outra parte deste livro, conhecimento é poder. Com Mapas Mentais, nós podemos:

- Compreender o efeito do assédio moral sobre indivíduos e organizações;
- Entrar na mente do assediador no trabalho;
- Aprender a ser positivos – afinal, não é você que tem o problema;
- Combata o assediador que está na sua própria mente.

Quando está livre das atenções de qualquer comportamento opressivo, de dentro ou de fora, você pode se concentrar melhor em apresentar um desempenho de excelência no seu trabalho, demonstrando a todos a força das suas capacidades e do seu conhecimento.

No próximo capítulo, veremos como Mapas Mentais lhe dão condições de comunicar o seu conhecimento fazendo apresentações vívidas, memoráveis e informativas.

7

Apresentações persuasivas

Presente imperfeito

Estamos no início dos anos 1960 e um jovem professor universitário está ministrando uma aula sobre o poder da memória a alunos do primeiro ano de psicologia.

Do mesmo modo que milhares de professores antes dele, ele preparou a sua apresentação em algumas páginas de anotações feitas com algumas frases. Para anunciar o assunto, ele diz: "O tema de hoje é a memória." Ele se posiciona atrás da mesa, diante da turma, e começa a ler, esperando que seus aplicados alunos tomem "notas apropriadas", assim como ele fez no seu tempo de faculdade.

Ele transmite informações especificamente sobre os requisitos de funcionamento da memória. Existem dois elementos principais: imaginação – incluindo imagens e reações sensitivas – e associações ou conexões. Ao lado desses dois elementos principais, esclarece, a memória trabalha com mais eficiência quando as coisas se destacam. Aqui, o professor se lembra desse mesmo dia mais de 40 anos depois:

"Falando em voz monótona, num ritmo lento para que os alunos pudessem anotar as minhas palavras, percebi que estava entediando a mim mesmo a ponto de distrair-me. Vendo os ombros caídos, as cabeças pesadas e as mãos cerradas enquanto procuravam rabiscar a minha lengalenga, dei-me conta de que eu também não estava fazendo muita coisa por meus alunos.

"Além disso, embora eu estivesse dizendo que para lembrar alguma coisa é preciso ter imagens, associações e coisas que se destacam, eu próprio estava dando a aula em voz monótona, pedindo aos alunos que anotassem uma folha atrás da outra com caneta de uma só cor, sem imagens, associações ou qualquer coisa que se destacasse. Em outras palavras, eu lhes apresentava toda a essência da memória de uma maneira que poderia ter sido planejada para fazê-los esquecer tudo o que eu dizia."

Esse professor era eu, e aquela aula com o contraste irônico entre tema e apresentação caiu como um raio. Vendo hoje, aquele momento representou um divisor de águas no modo como eu transmitia informações.

Ficou claro que eu precisava transmitir informações de uma maneira que ajudasse os ouvintes a compreendê-las e lembrá-las. Eu precisava comunicar de um modo que fosse facilmente assimilado pelo cérebro humano – não em blocos lineares que dificilmente seriam absorvidos. Compreendi que daquele momento em diante as minhas aulas não poderiam mais ser dadas com frases apenas, mas deveriam também incluir palavras-chave e imagens, relações e associações, além de elementos como cor, forma e extensão, para realçar pontos importantes.

Tornou-se evidente também que essa ideia deveria aplicar-se não somente às minhas apresentações enquanto comunicador oral, mas também à representação dos meus próprios pensamentos no papel. A ideia era tão relevante para mim em sentido pessoal quanto o era para o uso de um quadro de giz, de um retroprojetor ou de algum outro recurso didático.

Assim, retomei tudo desde o início – comecei com uma "tábua rasa", uma página em branco imaginária – e me fiz duas perguntas simples:

NOVAS FORMAS DE ANOTAÇÃO

P.: O que preciso incluir nesta folha de anotações para estimular a minha imaginação?
R.: _ _ _ _ _ _ _ _ _ _

P.: O que preciso incluir nesta folha de anotações para associar as coisas que estimularam a minha imaginação?
R.: _ _ _ _ _ _ _ _ _ _

Os elementos da resposta à primeira pergunta foram:

• *Imagens,*
• *Cores,*

- *Códigos,*
- *Palavras-chave com imagens,*
- *Símbolos,*
- *Ritmos visuais.*

Os elementos da resposta à segunda pergunta foram:

- *Linhas,*
- *Setas,*
- *Conexões no espaço,*
- *Números,*
- *Cores,*
- *Códigos.*

Reunindo todos esses elementos numa única folha, o que temos? Um Mapa Mental.

Ao transformar-me num apresentador, esse foi o único "treinamento" que dei a mim mesmo, e ele me levou a todos os outros atributos necessários a um bom apresentador. Atualmente, as minhas aptidões como apresentador se revestem de muita prática. Num ano, faço em média 120 apresentações, para as mais diferentes plateias. Posso fazer uma palestra para mil crianças com deficiência educacional ou para 7.000 estudantes universitários num estádio de futebol, e posso estar em qualquer uma das centenas de países ao redor do mundo, da Austrália ao México, da Escócia a Cingapura, dirigindo-me talvez a autoridades educacionais ou governamentais. As apresentações podem variar muito em extensão – alguma coisa desde uma hora até seis semanas. No mundo empresarial, presto serviços para organizações como Oracle, HSBC, IBM, Singapore Institute of Management, Barclays International, BP e Boeing, ajudando-as a planejar grandes eventos ou sua estratégia de mercado de longo prazo, e dou assessoria a presidentes e CEOs.

Mas seja quem for o meu interlocutor ou o assunto a ser tratado, a preparação e o planejamento são exatamente os mesmos desde o primeiro dia em que comecei com os Mapas Mentais. Desde então, o retorno que tenho recebido é inacreditável. Sempre peço aos participantes que avaliem as minhas apresentações numa escala de 0 a 100; a minha média é 94,6. Revelar esse dado pode parecer falta de modéstia, mas tenho muito orgulho disso. Se eu tivesse de me avaliar como aquele jovem professor falando sobre o poder da memória, eu me atribuiria 20 pontos – e isso pelo meu desejo de ajudar os alunos e pelo meu apreço ao tema. Pela minha capacidade de transmitir esse entusiasmo, eu me daria 0 porque o que fiz, se cheguei a fazer alguma coisa, foi ajudá-los a esquecer.

Quem, que, por que, quando, como?

Se você elaborar o Mapa Mental dos pontos básicos do que dirá antes até de refletir sobre o tópico específico da sua palestra, ser-lhe-á mais fácil concentrar-se sobre o tema propriamente dito. Você precisa ter clareza sobre:

• Quem constitui a sua plateia;
• Que benefício essas pessoas obtêm ouvindo-o.

Elabore um Mapa Mental com a sua plateia no centro e imagine as expectativas das pessoas com a sua apresentação. Os ramos que partem do centro representam essas expectativas. Num nível prático, estas podem incluir:

• Ilustrações,
• Fatos,
• Estudos de caso,
• Análise.

Num nível mais amplo, os seus ouvintes esperam:

• Inspiração,
• Entendimento,
• Intuição,
• Relevância.

Com a ajuda desse Mapa Mental, você pode organizar o conteúdo prático numa ordem coerente, sempre baseado em dados consistentes que deem sustentação aos argumentos criativos e esclarecedores que você irá expor.

Caso você seja convidado a pronunciar uma palestra numa conferência, *workshop* ou simpósio, é bom saber quem são os outros palestrantes e o tema que irão abordar. Depois de examinar o programa, monte um Mapa Mental dos outros assuntos que serão tratados. Isso o ajudará a evitar sobreposições e lhe dará uma ideia mais ampla da sua posição no contexto geral.

MAPA MENTAL DA SUA APRESENTAÇÃO

Imagine que você foi convidado a fazer uma palestra sobre vendas pela Internet numa conferência em que o tema do dia é: vendas online.

1 *O seu primeiro passo é criar um Mapa Mental da conferência para que a sua palestra seja relevante. Se a sua apresentação é sobre "vendas online", crie uma imagem central que abarque o tema; você pode desenhar o monitor de um computador com o símbolo de um real ou de um dólar na tela.*

2 *Os ramos principais incluirão os tópicos para discussão na conferência:*
   * *o conhecimento técnico necessário para manter um negócio online;*
   * *sistemas de entrega de um produto ou serviço online;*
   * *como administrar o serviço ao consumidor de uma empresa online.*
   * *Com as informações que constam do programa, desenhe ramos secundários para cada ramo principal. Um desses ramos representará a sua palestra sobre a publicidade do seu negócio online.*

3 *Em seguida concentre-se nos ramos secundários relacionados com a sua palestra. Esses incluirão publicidade pela Internet e publicidade fora da Internet; cada um desses ramos secundários conterá modos mais específicos de informar as pessoas sobre o seu negócio online, como por exemplo contatos por e-mail ou mala direta.*

Tratando a questão desse modo, será mais fácil manter o foco do tema. Você terá maior clareza do seu papel num contexto mais amplo e os seus pensamentos e ideias terão menor probabilidade de desenvolver-se pela tangente.

É recomendável você começar a pesquisar logo que recebe um convite para uma apresentação. E se ficar sabendo de uma conferência de que você gostaria de participar como palestrante, descubra quem a está organizando e telefone-lhe para oferecer os seus serviços. Essa atitude proativa é uma descoberta feliz para os organizadores da conferência. Faça um Mapa Mental da sua especialidade e de como poderia aplicá-la a conferências ao longo do calendário anual. Isso lhe dá condições de priorizar aquelas que lhe possibilitam ser visto e ouvido em termos empresariais. Os resultados podem render dividendos para a sua empresa no longo prazo.

APRESENTAÇÃO DE ESTUDO DE CASO: DIAMOND, DA BETA ROMEO

Imagine que você trabalha para uma empresa fabricante de automóveis, a Beta Romeo, que está procurando estimular consumidores do sexo masculino a comprar o último lançamento de carros pequenos, o Diamond. Você recebeu a incumbência de fazer uma apresentação para os administradores de uma empresa que manifestou seu interesse em adquirir alguns desses carros para completar a sua frota de veículos, usada principalmente por representantes de vendas.

Você decide fundamentar a sua exposição nos resultados de uma pesquisa encomendada pela Beta Romeo sobre "as mudanças dos hábitos de consumo dos homens nos últimos 10 anos quanto ao tipo de carro". Tudo indica que os homens têm hoje diferentes prioridades:

* *Muitos são pais e precisam de um carro prático de tamanho suficiente para acomodar os filhos;*
* *Os homens estão mais conscientes das questões ambientais e não querem um beberrão de gasolina.*

Você se concentra para desenhar o Mapa Mental da apresentação e resolve que a mensagem fundamental girará em torno do lema "o negócio é ser pequeno", e assim inscreve essa sentença no centro do Mapa. (Ver Mapa Mental colorido da Beta Romeo Diamond.)

Como o seu motorista em potencial provavelmente será um homem, "homens" se torna um dos ramos principais do Mapa. Isso lhe possibilita abordar em maior profundidade os dados revelados pela pesquisa, e assim falar sobre como os homens mudaram e evoluíram diante da necessidade de escolher um carro. Eles não seguem mais a filosofia do "quanto maior, melhor" ao adquirir um veículo, mas têm a família e a ética como critérios de escolha.

Inclua figuras no Mapa Mental como apoios à memória. A sua intenção é mudar a imagem tradicional do carro da empresa como um veículo desnecessariamente grande e torná-lo mais conveniente para o usuário e para a família e mais favorável para o ambiente. Por isso, o seu Mapa Mental deve enfatizar esses aspectos, ao mesmo tempo que destaca os pontos negativos de um carro grande, como os gastos maiores, a falta de praticidade e a pouca versatilidade.

Os ramos que se estendem a partir dos principais, por exemplo "imagem" e "meio ambiente", incluem os detalhes, como a informação de que um carro menor beneficia o meio ambiente e reflete as preocupações morais e éticas do homem evoluído de hoje.

ASPECTOS PRÁTICOS

Um dos ramos do Mapa Mental deve abordar os aspectos práticos que você considera necessários para fazer a sua apresentação dentro do tempo que lhe é atribuído e para desenvolvê-la demonstrando domínio sobre todos os detalhes. Com a ajuda do Mapa Mental, você pode calcular quanto tempo quer dedicar a cada tópico, de modo a dar o devido destaque a todos. Além disso, acrescente alguns lembretes para você mesmo sobre como quer que a apresentação termine, como "forte", "imponente" e "confiante".

SUPORTES

Das apresentações que fez até hoje, de quantas você se lembra? E quantas simplesmente ficam emaranhadas em meio a centenas de diapositivos do Power Point, de fatos, números e conversas insípidas sobre vendas? Pense um pouco sobre as apresentações que ainda continuam na sua memória. Que características as tornam memoráveis?

É muito provável que uma imagem em particular permaneça viva em sua mente. Se você quer dar informações a um grupo de pessoas e pôr em evidência as suas ideias, é de grande proveito usar imagens. A sua plateia apreciará a atenção que elas despertam, não se deixará vencer pelo sono e direcionará o interesse mais para você. Com esse objetivo, ao preparar a sua apresentação com o recurso de um Mapa Mental, inclua um ramo com o título "suportes" para torná-lo mais divertido, interativo e memorável para os ouvintes.

Ao desenhar o ramo "suportes" do Mapa Mental da Beta Romeo Diamond, lembre-se de que o seu tema é "o negócio é ser pequeno", por isso enfatize o fato de que o carro é pequeno. Use o Mapa Mental para orientar o foco para coisas pequenas e belas. Por exemplo, mostre a figura de um bebê gracioso ou de um diamante reluzente. Assim você fará a apresentação com confiança, e não a partir de uma posição defensiva.

Lembre-se de incluir uma imagem do carro, ou de preferência várias imagens mostrando a parte externa e interna do veículo. Você é o elo com a Beta Romeo Diamond, por isso faça o máximo possível para realmente ser esse elo. Inclua no Mapa Mental amostras do material decorativo dos assentos, para poder passá-las pela plateia, de modo que todos possam ter uma sensação genuína do carro. Melhor ainda, inclua um Beta Romeo Diamond de verdade como um dos seus suportes, inserindo assim um lembrete no Mapa Mental para ter carros à disposição para que os participantes possam fazer um test-drive logo após a apresentação. Assim procedendo, você estará proporcionando-lhes uma experiência valiosa que remete a toda a sua apresentação enquanto as informações ainda estão frescas na mente deles.

Essa experiência multissensória, aliada à evidência dinâmica apresentada por você, exercerá um papel essencial para que o Diamond da Beta Romeo seja o primeiro a ocupar a mente dos administradores no momento de escolherem o carro que completará sua frota.

Mapas Mentais Computadorizados

Na era do PowerPoint, muitas pessoas esperam visuais de última geração durante as apresentações. Os Mapas Mentais computadorizados – ou, a bem da verdade, qualquer Mapa Mental – pode poupar às suas plateias o que o *International Herald Tribune* descreveu como a "Morte pelo PowerPoint". Muitos palestrantes cometem o erro fatal de acreditar que usar o PowerPoint de fato significa simplesmente arrolar uma série de palavras ou frases de certa importância.

Na realidade, o simpático termo "PowerPoint" significa uma rede integrada de ideias e imagens principais. Portanto, quase por definição, Mapas Mentais são *o* recurso de apresentação PowerPoint, e manterão os ouvintes atentos, interessados e envolvidos. Programas de Mapas Mentais como "Mind Genius" podem ajudá-lo a construir Mapas Mentais eletrônicos para concorrer com apresentações com PowerPoint mais imaginativas.

Comece elaborando um Mapa Mental Mestre (a sua Visão Universal) do tema. Cada uma das ideias básicas ordenadoras (ramos principais) se organizará automaticamente em títulos de capítulos principais da sua apresentação. Por sua vez, cada um desses capítulos pode ter um Mapa Mental mais detalhado construído em torno dele.

Em muitos casos, você verá que os ramos principais desse "capítulo do Mapa Mental" também precisarão de um exame mais minucioso e de uma maior atenção dedicada aos detalhes.

Esse processo pode continuar até você alcançar o nível de detalhamento apropriado. O programa de Mapas Mentais computadorizados lhe dá condições de chegar a 30 níveis. A aplicação recorde a fatos concretos, feita pela empresa Con Edison (*ver* p. 40), é de 17 níveis.

Apresentações para treinamento

Se você está envolvido com o treinamento de equipes, os Mapas Mentais são um recurso de apresentação ideal. Os três principais métodos que considero mais proveitosos para o emprego de Mapas Mentais em apresentações de treinamento são:

1 Mapa Mental Completo

Prepare um Mapa Mental inteiro da sua palestra e apresente-o aos participantes do curso. Ao discutir o Mapa Mental, comece destacando a imagem central e delineando os ramos principais para dar aos presentes uma ideia geral. Feito isso, passe a analisar e explicar o Mapa Mental em seus detalhes. Esse método é especialmente útil para públicos familiarizados com Mapas Mentais que reconhecerão imediatamente (e entusiasticamente) que você é um apresentador moderno e atualizado.

2 Elaboração progressiva

Outro método é a elaboração do Mapa Mental à medida que você comunica o conteúdo à plateia. Novamente, comece com a imagem central e em seguida acrescente os ramos principais, explicando brevemente o significado de cada um. Nesse processo, estimule os participantes a tomar notas na forma de suas próprias versões individuais do Mapa Mental. Esse método é especialmente útil para iniciantes e tem a vantagem geral de ajudar os participantes a adaptar o significado da apresentação aos seus próprios Mapas Mentais. Levar os participantes a desenhar seus próprios Mapas também exige que pensem por si mesmos. Eles aproveitarão ao máximo as suas apresentações se você os estimular a uma participação ativa.

3 Aplicação de cores

O terceiro método consiste em usar um Mapa Mental pronto, mas não colorido. À medida que você faz a apresentação, os participantes o acompanham colorindo as imagens, as palavras e os ramos mais importantes. A vantagem desse método está em que ele envolve o participante numa atividade de aprendizado e lhe dá a sensação de propriedade do Mapa Mental.

Técnica eficaz de anotação

Em suas apresentações, estimule os participantes a fazer anotações com Mapas Mentais. Os Mapas Mentais possibilitam vencer a tirania linear do modo de anotar tradicional e elaborar o assunto de um modo coerente com a lógica natural do cérebro. Fazer anotações com Mapas Mentais:

- Envolve imediatamente o cérebro dos participantes e estimula o pensamento claro;
- Ajuda os participantes a fazer associações apropriadas e a absorver as informações com mais eficiência;
- Estimula a participação ativa e mantém o interesse dos presentes.

Apresentações para estudos de negócios

Nos dias atuais, um número cada vez maior de trabalhadores estuda para aperfeiçoamento profissional, seja combinando o trabalho com estudo em tempo parcial ou dedicando-se a um curso de tempo integral no início da carreira. Nesses cursos, as apresentações são usadas cada vez mais como meio de manter a mente dos alunos concentrada e como uma centelha de ideias para discussão entre grupos de estudantes e entre alunos individuais e seus palestrantes.

Os Mapas Mentais fazem as ideias fluir mais livremente. Distribuir diferentes facetas de um negócio pelos ramos de um Mapa Mental ajuda a representar aspectos obscuros de uma forma visualmente compreensível e a estruturar um plano de ação muito mais exequível.

Muitas comunicações implicam atualmente uma tecnologia tão sofisticada que uma apresentação sem ela está se tornando um evento raro no mundo empresarial. Um Mapa Mental o ajudará a manter o controle dos numerosos e diversos fios da sua apresentação dinâmica, inclusive os suportes, sem precisar recorrer a essa tecnologia.

Se dispuser de um Mapa Mental que lhe inspire tudo o que você quer dizer, você se lembrará dele com mais clareza e ser-lhe-á mais fácil preservar a mensagem com seus pensamentos e ideias. E você não terá a preocupação extra de lidar com uma tecnologia que pode mexer com os seus nervos.

Mapas Mentais para o estudo

Lance Brown é um estudante que compreende os benefícios dos Mapas Mentais para o estudo.

"Eu estudo na London Metropolitan University, em Moorgate. Estou criando um Mapa Mental para uma das minhas unidades – Projeto para Gerentes. A tarefa consiste em criar um produto ou serviço e estudar como iremos produzi-lo e comercializá-lo. Precisamos compreender que conceitos precisamos para atrair e envolver as pessoas. Eu usei um Mapa Mental para compreender todos os conceitos e para criar uma imagem visual de todos os aspectos. Os aspectos que considero são os mercadológicos, de localização e financeiros, bem como o entendimento de onde o meu mercado-alvo estará. Às vezes uso pequenas figuras em vez de palavras para torná-lo atraente e para que o meu professor possa vê-lo diretamente sem que eu precise explicá-lo. Ele vê diferentes aspectos e o projeto está realmente se expandindo em sua mente enquanto eu o explico para ele. É uma excelente maneira de transmitir a ideia rapidamente. Sempre que volto ao Mapa, posso expandir a ideia um pouco mais."

Perguntas de esclarecimento

Ao terminar a sua apresentação, você terá estimulado o interesse dos participantes e muitos deles terão perguntas a fazer-lhe. Essa é uma grande experiência; seja qual for a forma de apresentação que você fizer na sua vida profissional, sessões de perguntas e respostas são sempre oportunidades de ouro para aproveitar o interesse que você despertou. Para que isso aconteça, veja que todas as dúvidas ou indagações sejam resolvidas de modo positivo.

No seu tempo de escola, tendo uma prova pela frente, talvez você se perguntasse: "Se eu fosse a pessoa que preparasse esse teste, que perguntas eu faria que revelassem de modo mais eficiente o conhecimento dos alunos?" O mesmo princípio aplica-se aos negócios. Se você sabe que haverá uma sessão de perguntas e respostas depois da apresentação, use um Mapa Mental para preparar-se.

Elabore um Mapa de perguntas antes da apresentação, com cada ramo representando uma área que você acha que será objeto de discussão. Assim você pode preparar as respostas e tê-las presente no momento oportuno. Os participantes ficarão impressionados com a sua habilidade de lembrar fatos e números relevantes de maneira espontânea.

Se alguma pergunta não está prevista no Mapa Mental, registre-a para incluí-la em futuros Mapas e assim aprimorar o seu desempenho ainda mais.

Reuniões livres da monotonia

Agora que sabe como fazer uma ótima apresentação com Mapas Mentais, você pode aplicar um conjunto semelhante de táticas para eliminar a monotonia das reuniões.

Em salas de diretoria ao redor do globo, pessoas, entediadas, sentam-se para reuniões. Faz muito tempo que elas deixaram de prestar atenção e a mente delas divaga milhares de quilômetros longe da sala e do assunto tratado. Bem no momento em que estão pensando sobre as próximas férias ou sobre o que terão no jantar à noite, subitamente todos os olhares se voltam para elas quando ouvem as temidas palavras: "Então, o que você acha?"

Lançadas inesperadamente de volta ao mundo real, fragmentos e palavras casuais que podem ter entrado em seu cérebro assumem agora importância monumental. No fim, elas resolvem não correr riscos e murmuram alguma coisa como: "Eu precisaria de mais informações antes de me comprometer com uma posição ou outra" ou "Creio que esse aspecto precisa ser um pouco mais pesquisado". Frases sólidas e de caráter tão abrangente que podem resgatá-lo da enorme cratera em que você se meteu por perder a concentração.

Nada de tédio na Boeing

Sam Brooks e Dan O'Connell são engenheiros projetistas na Boeing. Nas reuniões, Sam normalmente usa Mapas Mentais para controlar os debates e manter um sentido de ordem. Ele diz:

"Preciso manter a ordem ou a coisa simplesmente não funciona para mim. E o Mapa Mental é um dos recursos que uso. Quando se trata de definir ou criar alguma coisa, os Mapas Mentais me dão uma vantagem.

"Temos muitas pessoas inteligentes e determinadas aqui. Todas elas têm suas próprias ideias que podem tender a sair do controle. Uma das melhores maneiras de captar essas ideias e manter a atenção é ir para a lousa. Eu desenho uma nuvem e nessa nuvem escrevo uma palavra. Volto-me então para o grupo e pergunto: 'Muito bem, quem quer acrescentar alguma coisa aqui?' e assim vou escrevendo uma palavra, e depois outra, e a primeira coisa que se nota é que as pessoas se concentraram. Elas começam a trabalhar juntas porque alguém impediu que a desordem tomasse conta."

Usando Mapas Mentais para dirigir reuniões, você evitará que o cérebro das pessoas resolva tirar umas férias por conta própria.

Regras de ouro para reuniões produtivas

1 Siga a agenda definida no Mapa Mental. Se houver cinco itens que precisam ser discutidos, ponha em discussão *todos os cinco* no período de tempo previsto para a reunião. O Mapa Mental deve indicar quanto tempo você pode dispor para cada assunto. Assim você não chegará ao segundo tema só para descobrir que lhe restam apenas cinco minutos.

2 Mantenha a coerência dos debates. Se alguém ameaçar sair por uma tangente que não é interessante nem apropriada, conduza a pessoa de volta ao tema em discussão ou passe para o ponto seguinte indicado pelo Mapa Mental.

3 Providencie para que todos conheçam a agenda esboçada no Mapa Mental para que cheguem preparados. É prejudicial e contraproducente pessoas entrando e saindo da sala para buscar material que esqueceram. As únicas interrupções devem ser intervalos numa reunião prolongada. (Nenhuma reunião deve ultrapassar uma hora sem uma breve pausa – mais do que isso, os cérebros em torno da mesa começam a cansar.)

4 No caso de uma reunião regular, tenha à mão os Mapas Mentais da reunião anterior. Eles oferecerão uma estrutura, ajudando a não esquecer nada, além de uma oportunidade para rever e atualizar os temas.

5 Cozinheiros demais estragam o caldo. Se participam da reunião pessoas que não precisam estar realmente presentes, providencie para que não percam tempo e para que façam alguma coisa mais produtiva. Não as exclua, mas, mostrando o Mapa Mental, explique-lhes por que elas não fazem parte desse cenário específico; do contrário, elas podem se sentir magoadas ou rejeitadas.

Os Mapas Mentais podem transformar as reuniões que o entediavam, como também as apresentações que lhe causavam pânico. Os Mapas Mentais ajudam-no a manter o controle sobre a sua agenda, tornando as coisas dinâmicas. Eis os pontos cruciais a ter em mente:

- Planeje as suas apresentações com Mapas Mentais para que você possa ser coerente, interessante e, acima de tudo, memorável.
- Torne a sua apresentação multissensória para que a sua plateia se lembre de você e do que você tinha a dizer.
- Use Mapas Mentais durante as reuniões para manter-se fiel à agenda.
- Amplie o uso de Mapas Mentais como um modo colorido e eficaz de preencher "minutos".

Sem dúvida, os Mapas Mentais são perfeitos para estruturar e organizar ideias e planos atuais de uma maneira memorável para apresentar a outros. Eles também são o recurso principal para estruturar e examinar áreas da sua vida fora do ambiente de trabalho. No último capítulo, veremos como Mapas Mentais podem ajudá-lo a alcançar e manter o importante "equilíbrio entre a vida pessoal e a vida profissional".

8

Equilíbrio entre a vida pessoal e a profissional

As exigências para harmonizar a vida profissional com a vida familiar e com outros compromissos e interesses não profissionais podem ser imensas. Por isso é particularmente importante que você se sinta confortável com o equilíbrio que obtém, sem transigir em demasia em nenhuma área da vida que é importante para você. Como sugere o subtítulo deste livro, "Como ser o melhor na sua profissão e ainda ter tempo para o lazer", os que já adotam Mapas Mentais no trabalho terão avançado bastante no caminho para alcançar um bom equilíbrio entre a vida pessoal e a vida profissional.

Seguindo as orientações fornecidas nos capítulos anteriores, você deve ter condições de encontrar tempo para fazer todas as coisas que realmente quer ou precisa fazer, reservando ainda um período para imprevistos. Os Mapas Mentais são o recurso fundamental para isso, trazendo organização e clareza para sua vida pessoal com o mesmo grau de praticidade com que contribuem com a sua vida profissional.

Esse equilíbrio entre vida pessoal e profissional é um processo dinâmico que precisa de constante atenção e de pequenos ajustes. Ao elaborar Mapas Mentais de uma visão holística da sua vida, você deve incluir, além do trabalho, elementos importantes, como saúde, alimentação, descanso e relaxamento, e ainda fazer adaptações para ter um convívio agradável com a sua família e com os amigos. Além disso, é importante que um empregador ou um líder de grupo saiba que é do interesse do grupo e também dos indivíduos que o integram manter um justo equilíbrio.

Veja a experiência de uma pessoa com Mapas Mentais para equilibrar a vida profissional com a familiar.

> ## Equilibrando a vida familiar com a profissional
>
> Rosalind Gower é mãe e também produtora de televisão na BBC. Ela diz:
>
> *"Os Mapas Mentais mudaram toda a minha vida. Como mãe que trabalha, sempre preciso dar atenção a uma multiplicidade de tarefas, e assim, ao criar um Mapa Mental com ramos para trabalho, ramos para filhos e para todas as demais responsabilidades que mães que trabalham têm, eu não esqueço nada. Se diz para si mesma: 'Preciso reservar hora com o dentista', simplesmente escreve isso no ramo correspondente do Mapa Mental.*
>
> *"No trabalho, ao iniciar um novo projeto, tenho uma grande variedade de informações, e por isso é importante procurar classificar essas informações e levar as pessoas a trabalhar sobre os diferentes aspectos. Eu tenho o hábito de fazer Mapas Mentais, um hábito muito eficaz, aliás: cada colaborador é responsável por um ramo do Mapa Mental e eu estou no centro supervisionando tudo. E todos alcançamos o sucesso."*

Equilíbrio entre vida pessoal e profissional: o ponto de vista do empregador

Empresas de visão sabem que a família é o fator mais importante para aumentar ou diminuir a energia de uma empresa e levar à consecução dos seus objetivos. Com essa finalidade, elas convidam os membros da família – pais, filhos, cônjuges, irmãos – a visitar as instalações da empresa, onde conhecerão melhor os objetivos e a visão da organização por meio de Mapas Mentais. Desse modo, eles não só se tornarão um apoio para o grupo de trabalho, mas também membros do grupo familiar e de amigos.

> ## Um negócio de família
>
> A Young Presidents' Organization é uma rede de 8.000 líderes globais jovens de 75 diferentes países com sede em Irving, Texas. Um dos seus principais valores declara que "A participação da família nas atividades da YPO promove o crescimento e o desenvolvimento de todos os envolvidos".
>
> Para esse objetivo, todos os membros da família são convidados a aprender a usar Mapas Mentais; é por meio deles que as funções da organização são explicadas. Além disso, uma visita ao local de trabalho possibilita-lhes conhecer os detalhes do que um determinado membro do grupo realiza na YPO.
>
> Essa iniciativa cria um grande espírito e energia de grupo, e quando um familiar se dirige para o trabalho, ele vai com o amor, o apoio e os melhores votos da família. No caso de haver necessidade de fazer horas extras, a família compreende e aceita o fato com mais facilidade.

Manter um equilíbrio saudável entre vida pessoal e profissional deve constituir um dos principais objetivos das empresas. Dispostos a manter o nível de qualidade mais elevado possível do seu pessoal, os empregadores estão aderindo à ideia de ser mais flexíveis em suas atitudes.

Um empregador de visão realiza enquetes regulares com seu pessoal e mapeia os resultados. Ramos principais podem incluir opções de trabalho flexível, como "semanas de três a quatro dias", "tarefas partilhadas", "trabalho domiciliar", "fornecimento de laptops, celulares e banda larga" e "acesso remoto a provedores", com ramos secundários detalhando cada ramo principal.

Se uma opção em particular mostra-se exequível, como por exemplo trabalho flexível, um Mapa Mental separado pode avaliar os aspectos práticos da implementação dessa política. Por exemplo, os custos do esquema podem ser mapeados com o custo potencial e com os recursos humanos necessários para substituir os membros do grupo que optam por transferir-se para um posto de trabalho com horário mais flexível.

Mostrar que a empresa tem uma face humana não custa nada, e pode render muitos dividendos. Por exemplo, um fato que pode acontecer a qualquer um é a máquina de lavar louça vazar e inundar toda a cozinha numa determinada manhã. Aceitar que coisas assim são apenas fatos da vida e compreender que elas precisam ser tratadas equilibradamente é uma visão lúcida que será muito valorizada pelos funcionários e ajudará a formar um ambiente de trabalho mais descontraído.

Se você é um empregador que quer aprimorar o equilíbrio entre a vida pessoal e a profissional do seu pessoal, faça um Mapa Mental dos modos como pode fazer isso.

PROMOVENDO O EQUILÍBRIO NO TRABALHO

1 *Desenhe uma imagem central que sintetize o equilíbrio entre vida pessoal e vida profissional: uma interpretação literal pode ser uma balança com "trabalho" num dos pratos e "equilíbrio" no outro. Como vimos anteriormente (ver p. 125), se todas as áreas do negócio foram bem mapeadas, e trabalho se equipara a lazer, toda consideração do equilíbrio vida-trabalho deve de fato ser um equilíbrio de lazer-vida. A imagem central poderia refletir isso.*

2 *Os ramos principais dependerão das exigências específicas e da situação da sua empresa. É provável que dois deles possam ser "flexitempo" e "creche"; "trabalho domiciliar" poderia ser outra opção se a atividade pode ser em grande parte feita num computador. Entretanto, esse obviamente não será o caso se o seu ramo de negócio envolve contato pessoal com clientes.*

3 *Aprofunde suas opções nos ramos secundários e estime o custo de cada uma. Por exemplo, creches na empresa ou contribuições para atendimento infantil são um benefício muito atraente para os em-*

pregados, mas de custo elevado. No entanto, esse talvez seja um in-
vestimento vantajoso, pois a empresa pode dispor de um emprega-
do que está sossegado com relação ao bem-estar do seu filho.

4 Se a empresa realizou algum levantamento de opiniões junto ao pes-
soal recentemente, inclua os resultados no Mapa Mental. Use uma
cor diferente para destacar essas contribuições.

5 Analise o seu Mapa Mental com o seu grupo de trabalho, incorpo-
rando as avaliações e os comentários que forem apresentados, no-
vamente em várias cores.

Pode acontecer que você não queira introduzir muitas inovações e mudanças no setor de trabalho de uma só vez. Entretanto, ao ouvir o seu grupo e providenciar para atenuar possíveis fricções que possam existir na interface entre vida profissional e vida familiar, você estará promovendo o tipo de cultura empresarial que atrai colaboradores talentosos e motivados.

É interessante usar o seu Mapa Mental como plano de ação para evoluir, mantendo-o atualizado à medida que for implementando alterações no local de trabalho.

Parceiros e trabalho em equipe

Você pode imaginar o cenário. É noite de sexta-feira e você irá encontrar-se com seu parceiro para um jantar. Você está sentada à mesa do restaurante, rodeada por casais felizes, rindo e olhando amorosamente uns nos olhos dos outros. Você consulta o relógio novamente – o seu parceiro está uma hora atrasado.

Finalmente, quando ele chega, você esteve ali plantada durante uma hora, sentindo-se solitária e humilhada. Uma série convincente de desculpas não ajuda absolutamente nada. No que lhe diz respeito, o seu parceiro deu prioridade ao trabalho e não a você. Mesmo que você apoie totalmente o trabalho dele, momentos de decepção ainda podem acontecer.

214 | MAPAS MENTAIS NO TRABALHO

Com as pressões decorrentes do fato de ambos serem pessoas atarefadas, como você pode ter certeza de que situações semelhantes não se repetirão? A solução para vocês é planejar antecipadamente com a ajuda de Mapas Mentais que deixem claro onde se situam os limites. Isso só pode ser feito por meio de uma comunicação constante (e livre de confrontos).

Evitar o confronto

Diante de uma questão controversa, a tendência pode ser discutir em círculos, os argumentos girando em torno dos mesmos velhos fatos, enquanto ambos perdem um tempo e energia preciosos sem chegar a uma solução. E pior, muito frequentemente a discussão pode degenerar e descambar numa desavença sem sentido e muito nociva.

Em vez disso, é tarefa fácil planejar o seu tempo antecipadamente com Mapas Mentais. Por exemplo, se vocês têm discussões frequentes sobre os seus respectivos compromissos para a próxima semana, com Mapas Mentais vocês podem perceber imediatamente onde os seus planos coincidem e se, e onde, são necessários ajustes (*ver* Capítulo 3). Se algum impasse ainda persistir, juntos vocês podem priorizar os seus compromissos no Mapa Mental ou assinalar os que seriam mais fáceis de redirecionar.

Se ambos formam o hábito de mapear os seus compromissos e de analisá-los juntos, muito provavelmente os conflitos deixarão de ocorrer.

Trabalho em equipe

Muitas vezes as pessoas se referem a um casal que parece entender-se bem com a expressão "eles formam um belo par". As regras do bom trabalho em equipe se aplicam aos relacionamentos pessoais do mesmo modo que se aplicam à empresa, e por isso são relevantes aqui todas as orientações apresentadas neste livro para ajudar uma equipe a manter sempre presentes e claros os objetivos e prioridades comuns (*ver* Capítulo 5, "Conduzindo seu grupo ao sucesso").

Diante de uma questão espinhosa, podemos usar Mapas Mentais com o objetivo de estimular debates e discussões saudáveis. Isso pode variar desde decisões menores, como definir o melhor momento de sair do trabalho para uma breve pausa ou onde passar as férias, até decisões importantes sobre alterações na carreira que podem inclusive envolver mudança de residência. A família registra no Mapa Mental aonde gostaria de ir e o que gostaria de fazer ao chegar lá. Depois das discussões, as informações estão resumidas num ramo de "possibilidades", com destaque para os destinos Tailândia e Nova Zelândia. A partir daí será fácil decidir sobre um destino e um conjunto de atividades que agradará a todos.

Ao usar Mapas Mentais para planejar em conjunto, vocês trabalharão de modo produtivo e proativo como equipe. Se surgirem dificuldades, vocês as enfrentarão juntos e encontrarão o melhor modo de prosseguir com pleno conhecimento dos fatos. E terão condições de reavaliar as suas prioridades regularmente e de se lembrar do que é importante para vocês.

Mapas Mentais o ajudam a impedir que a vida profissional interfira na sua vida pessoal e familiar. Todos precisam de uma pausa, por mais dedicados que sejam. Ao desenhar Mapas Mentais, vocês se ajudam mutuamente a ser mais eficientes tanto nos relacionamentos quanto no trabalho.

Aumento do grupo: filhos

Se vocês criaram boas condições para permanecer juntos como casal, integrando as suas vidas profissionais no seu relacionamento, pode chegar um momento em que talvez se perguntem como seriam as coisas se alguém mais passasse a fazer parte do grupo, alguém que exigisse ainda mais do seu amor, empatia, tolerância e atenção.

A decisão de assumir a paternidade e a maternidade é um marco colossal em qualquer relacionamento, e daqueles que podem transtornar um convívio que até esse momento se manteve harmonioso.

Além disso, por mais livros que você leia e cursos que faça, a realidade da paternidade continua sendo uma enorme curva de aprendizado.

Filhos exigem o seu tempo, amor, atenção e energia mais do que qualquer outra pessoa ou coisa em sua vida. Enquanto alguns pais preferem encarar a tarefa sozinhos, ou não têm condições de obter uma ajuda regular, outros optam por contratar alguém que os ajude a aliviar o peso. Se esse for o caso, elabore um Mapa Mental das opções de atendimento infantil que lhe são disponíveis:

MAPAS MENTAIS PARA ATENDIMENTO INFANTIL

1 Use uma fotografia ou desenho do seu filho como imagem central. A sua prioridade é a felicidade e o bem-estar dele.
2 Desenhe ramos curvos a partir da imagem central para representar as opções. Estas podem incluir "família", "amigas", "babá" e "creche". Use uma palavra por linha.

3 Amplie a ideia de cada opção desenhando ramos secundários. Por exemplo, você pode ter uma babá que venha trabalhar em sua casa todos os dias ou que more com você. Também analise em ramos secundários a possibilidade de alguém ficar um período do dia com você e o outro com uma de suas amigas ou vizinhas. Em "amigas", inclua aquelas que você acha que podem ajudar regularmente, talvez como parte de uma colaboração recíproca. Examine todas as possíveis opções que se apresentarem, avaliando o momento em que são exequíveis e o custo envolvido, para poder assim tomar uma decisão equilibrada.

Stress do trabalho

O stress pode ter consequências graves sobre a saúde física e mental e influenciar negativamente a vida pessoal e profissional; como decorrência, relacionamentos com amigos e pessoas queridas podem sofrer tensões. Eliminar o stress do trabalho ajudará a manter um equilíbrio saudável entre o lar e a empresa. Do contrário, tensões e dificuldades de toda espécie podem manifestar-se.

O stress não é exclusivo dos escalões gerenciais – ele afeta todas as classes de trabalhadores em todos os tipos de empresas. Entre os sintomas físicos do stress, temos:

- dores lombares,
- doenças da pele,
- suor excessivo,
- dores de cabeça e enxaquecas,
- indigestão.

Os sinais comportamentais incluem:

- insônia,
- agressividade,
- perda do apetite,
- dificuldades de concentração.

Os sintomas psicológicos abrangem:

- alterações de humor,
- pensamentos obsessivos,
- autoestima e autoconfiança baixas,
- raiva,
- ansiedade.

Reduzindo o stress

O stress é um fenômeno negativo que se alimenta de si mesmo. Ele debilita a saúde, a energia e a eficiência. E como você rende menos quando está estressado, o stress aumenta numa espiral viciosa até levá-lo ao colapso.

Em situações estressantes, os Mapas Mentais são o elemento de estabilização ideal, pois eles detêm a onda de pensamentos e eventos negativos. Se mapear tudo o que lhe causa stress, você terá condições de identificar as verdadeiras causas. Você poderá então elaborar o Mapa Mental de um plano de ação (*ver* Capítulo 3, que descreve como mapear soluções para problemas de curto prazo e também como planejar a longo prazo para evitar a recorrência de problemas) para prosseguir na sua caminhada.

Ao priorizar os seus planos, a começar pelas causas básicas do seu stress, à medida que executa o seu plano de ação você pode eliminar essas causas, uma a uma, no seu Mapa Mental. Você terá assim uma representação visual do stress soltando-se de você, e o ato de assim proceder contribuirá para um estado mental cada vez mais positivo.

Além disso, ao formar o hábito de desenhar Mapas Mentais e de planejar antecipadamente, você continuará confiante de que está no comando da situação, com a sua mente livre do stress e a sua imaginação livre para devanear.

A eficácia do exercício físico

O exercício físico é um recurso extraordinário para aliviar o stress do dia a dia. Manter-se em forma possibilita-lhe trabalhar de modo mais eficiente e criativo, além de aproveitar ao máximo a sua vida familiar. Com grande frequência, porém, boas intenções perdem-se no esforço para alcançar um equilíbrio entre a sua vida familiar e a profissional.

O meu próprio regime de exercícios é uma rotina que me mantém em forma em termos aeróbicos e musculares, e consequentemente flexível. Quando estou em casa, pratico remo de manhã cedo. Faço no mínimo duas caminhadas por semana de até uma hora e meia em parques locais ou no campo. Também faço yoga e pratico artes marciais. Quando estou viajando, procuro ter acesso a uma piscina, onde nado pelo menos durante meia hora, e a um ginásio de esportes, onde me exercito em todos os aparelhos. Mais importante de tudo, de vez em quando tiro dois dias de folga, quando não faço absolutamente nada.

Mas sei que pertenço a uma grande minoria. No Reino Unido, um chocante 70% da população não pratica exercícios regularmente, uma estatística preocupante considerando-se que o britânico mediano passa, em média, 14 anos da vida sentado.

Em vista disso, é fundamental que você torne o exercício parte da sua rotina semanal e evite a tentação do confortável sofá no fim de um longo dia no trabalho.

DIVIRTA-SE PRATICANDO EXERCÍCIOS

A prática de exercícios deve ser uma atividade divertida, por isso comece preparando um Mapa Mental para planejá-la:

1 *Desenhe uma imagem de você mesmo no centro, estando em perfeita forma e pronto para agir.*
2 *Os ramos principais podem identificar todos os principais tipos de exercício que lhe agradam. Pode ser qualquer coisa desde dançar a salsa até deslizar na neve, de tai chi chuan até esportes coletivos. Se você já quis conhecer um determinado tipo de exercício, inclua-o no Mapa Mental.*

3 *Trace ramos secundários para descrever mais detalhes sobre cada tipo de exercício. Por exemplo, descubra se existe um curso de salsa perto de casa ou do trabalho e veja se há necessidade de algum tipo específico de roupa. Inclua os detalhes no Mapa Mental.*

4 *Mostre o seu Mapa Mental aos amigos e veja se algum deles se interessa em participar com você das atividades escolhidas. Dependendo do tipo de pessoa que você é, se puder contar com mais pessoas parecidas com você, mais vocês se motivarão e com maior probabilidade perseverarão na prática.*

5 *Registre o seu progresso com os exercícios no Mapa Mental e mantenha o quadro sempre à vista. Se observar que está perdendo peso ou acumulando energia depois de seguir uma rotina de exercícios regulares, inclua esses dados no Mapa Mental, pois eles servem de motivação para você persistir.*

Além de planejar exercícios regulares, veja como você pode beneficiar-se com a simples realização das atividades do seu dia a dia. De modo particular, analise a possibilidade de ir ao trabalho caminhando ou andando de bicicleta, em vez de usar o carro ou o transporte público.

DOIS PÉS OU QUATRO RODAS

O carro tornou-se o nosso meio de transporte preferido, mas você não precisa ser dependente dele. Melhore a sua forma aeróbica caminhando ou andando de bicicleta, em vez de pegar automaticamente a chave do carro.

Faça um Mapa Mental para ver se existem situações em que você pode caminhar ou deslocar-se de bicicleta em vez de dirigir:

1 *Desenhe um par de botas ou uma bicicleta como imagem central.*

2 *Com uma única palavra nos ramos principais, resuma os deslocamentos que você faz de carro todas as semanas. Você pode incluir "trabalho", "escola", "amigos", "lojas", "academia" ou "família".*

3 *Expanda os ramos principais com ramos secundários e procure alternativas. Talvez haja uma rota atraente que você possa percorrer de bi-*

cicleta na ida ao trabalho, em vez de usar o carro. Talvez você possa levar as crianças para o colégio a pé, em vez de levá-las de carro, e assim elas também podem fazer um pouco de exercício.

4 Como no caso do Mapa Mental para a prática de exercícios, descrito
acima, tenha também este Mapa Mental à mão, exposto num quadro ou
fixado na porta da geladeira, para verificar quanto você está caminhando e observar os benefícios que lhe advêm dessa prática.

Caminhar é também uma atividade excelente para desanuviar a
mente e ajudar a obter uma nova perspectiva a respeito de uma situação, como vimos com a técnica de solução de problemas dos romanos,
solvitas perambulum (*ver* p. 43).

Ao contrário, estar sentado num carro, enfrentando um conges-
tionamento do trânsito, impossibilitado de andar e respirando a fu-
maça poluída, é um modo infalível de aumentar os seus níveis de stress.

Trabalho domiciliar

Depois de pesquisar e fazer um planejamento da sua situação (*ver* Capítulo 3, pp. 57-58), você resolveu trabalhar em casa. Você transformou um cômodo de reserva em escritório e comprou uma mesa de
trabalho, um computador, impressora, telefone e cadeira de escritório.
Você instalou banda larga e correio eletrônico – e tem uma bela vista
do jardim que, pelas suas expectativas, inspirará ideias criativas. A lu-
minosidade é boa e não cansará os olhos; a sala está afastada da rua e
por isso o ruído é praticamente inexistente.

Evitando as distrações

Na primeira manhã de atividades, você prepara um café quente e se acomoda para trabalhar. Depois de alguns minutos, os seus olhos são atraí-
dos pela enorme quantidade de ervas daninhas que parecem ter brotado
do nada no seu jardim. Com uma expressão de aborrecimento, você sal-
ta da cadeira, corre para fora e limpa toda a área. Em seguida você nota

um arbusto que está parecendo descuidado, pega uma tesoura e o apara. Quando volta para a sua mesa de trabalho, o café está frio; você vai até a cozinha para preparar outro. Aí você se dá conta de que a louça do café matinal ainda não foi lavada e... Bem, você percebe o drama, não?

Todos nós gostamos da ideia de trabalhar em casa, mas nem todos acham fácil manter uma rotina disciplinada e ignorar as possíveis distrações.

No trabalho, o único objetivo de estar ali é trabalhar. A residência, ao contrário, tem as mais variadas funções. Ela é um santuário para descanso, um lugar onde você entretém amigos e familiares, e um lar onde você acomoda os filhos na cama à noite.

Algumas distrações são inevitáveis. Por exemplo, quando o telefone toca, você não sabe se é uma chamada de interesse profissional ou de alguém que liga para conversar; assim também, se a campainha toca, você certamente vai até a porta. Mas muitas distrações *podem* ser controladas.

Distrações são aspectos alheios à atividade do momento para os quais a sua mente é constantemente atraída. Isso acontece porque temos sempre a percepção de coisas agradáveis ao nosso redor. Se a sua tarefa está mal definida ou mal dirigida, o seu cérebro perderá o foco, passando o tempo com coisas "boas" e evitando o sofrimento.

Os Mapas Mentais são um recurso automotivador. Logo que você elabora antecipadamente o Mapa Mental do seu mês/semana/dia, você volta a se concentrar nas tarefas imediatas. Se eliminar os ramos à medida que executa as tarefas descritas, você tem uma sensação de realização. Se houver no Mapa itens que aguarda com expectativa, você pode considerá-los como recompensas. O seu cérebro saberá que você pode obtê-los apenas quando os merecer realmente.

Desenvolvendo uma rotina

É importante organizar o seu dia e pontuá-lo com intervalos regulares. Além de manter o seu cérebro arejado, esse esquema dará certa forma e estrutura ao dia. Sua atividade será pouco proveitosa se você

Sugestões para um trabalho domiciliar de sucesso

1 Trabalhe em casa se você puder ganhar o suficiente. Nos Estados Unidos, apenas 70% das pessoas que trabalham em casa têm rendimentos iguais às que trabalham em tempo integral numa empresa. Você fica satisfeito com uma redução salarial em caso de necessidade, e pode permitir-se isso? Do mesmo modo que um Mapa Mental de um plano de negócios que inclui objetivos financeiros realistas, não se esqueça de mapear outras metas que podem ser incluídas em sua justificativa para trabalhar em casa (por exemplo, você pode estar estudando em tempo parcial ou cuidando dos filhos).

2 Personalize o seu espaço de trabalho. Faça um Mapa Mental de como irá decorar o seu escritório e não se esqueça de incluir detalhes extras importantes, como certificados profissionais, fotografias de amigos e da família e livros que considera úteis. Essas coisas ajudarão a inspirá-lo nos momentos de maior necessidade e transformarão o seu escritório num melhor ambiente criativo.

3 Se você tiver uma parceira ou filhos, indique-lhes os momentos em que podem entrar no escritório e distraí-lo e os momentos em que não podem fazer isso. Há ocasiões em que você precisa trabalhar ininterruptamente para cumprir algum prazo e ocasiões em que você pode ser mais flexível. Assim eles não se preocupam em ser repreendidos toda vez que aparecem na porta da sua sala. Fixe o Mapa Mental da semana na porta para indicar quando você não está disponível.

4 Crie uma rede de apoio. É provável que haja outras pessoas na área que vivem a mesma situação que a sua. Nesse caso, elas podem se tornar uma espécie de colegas de trabalho. Enfrentar a solidão, especialmente depois da atmosfera vibrante de alguns escritórios, pode ser difícil para quem passa a trabalhar em casa. Faça novas amizades e reúnam-se de vez em quando; troque ideias e beneficie-se do apoio de pessoas que passam pela mesma experiência.

ficar na cama até o meio-dia e depois tiver de trabalhar à noite quando o seu cônjuge volta para casa.

Além disso, você precisa usufruir alguns dos benefícios que a flexibilidade do trabalho domiciliar lhe propicia. Ao desenhar o Mapa Mental da semana antecipadamente, reserve uma ou outra tarde para fazer alguma coisa fora – fazer compras numa quarta-feira em vez de no sábado ou fazer uma caminhada no parque num dia ensolarado.

É bom sair de casa regularmente, do contrário os benefícios da liberdade do trabalho domiciliar podem perder-se e você pode começar a se sentir preso em sua própria casa. Exercitar a flexibilidade desse modo evidenciará os benefícios da sua nova vida, colocando-o no controle do seu tempo e do modo como você opta por empregá-lo.

Desempenho de excelência

Nem sempre é fácil encontrar um justo equilíbrio entre as exigências do trabalho e os compromissos da sua vida pessoal. Pode acontecer que você esteja:

- Tentando fazer com que a sua vida profissional deixe de interferir em demasia na sua vida pessoal;
- Trabalhando em casa e tentando manter as distrações sob controle;
- Precisando organizar e aprimorar o equilíbrio entre a vida pessoal e a profissional para evitar possíveis conflitos de interesses.

No entanto, o seu objetivo último deve ser acolher e desfrutar *todas* as áreas da sua vida. Conquanto o trabalho possa ser uma necessidade, ele deve *e pode* ser um prazer. Todos nós somos diferentes, e enquanto alguns encontram satisfação na total dedicação e absorção numa única área, para outros a alegria está em abarcar todas as experiências estimulantes que a vida tem a oferecer.

De qualquer modo, quer você seja autônomo ou um alto executivo, os Mapas Mentais são o recurso essencial para alcançar essa harmonia, possibilitando-lhe sentir-se satisfeito, ter um desempenho de excelência e obter satisfação total em sua vida.